**성공하는 사회적기업가는
어떻게 혁신하는가**

성공하는 사회적기업가는

어떻게
혁신하는가

김동헌 지음

How to Create Social Value through Innovation?

혁신으로 사회적 가치와
올바른 성공을 이룬 사회적기업 36

도어북

2012년 6월 22일. 서울시 성북구 사회적기업협의회가 개최한 '난도질' 워크숍. 이 워크숍이 내가 사회적 경제와 처음 인연을 맺은 계기가 되었다. 저녁 7시에 시작하여 장장 8시간 동안 12개 참여 기업 하나하나에 대해 사업모델을 개선하기 위한 조언을 제공했다. 하지만 새벽 3시가 되어 자리를 마무리하고 집으로 돌아오는 나의 발걸음은 무겁기만 했다. '이 양반들, 뜻은 좋지만 각자 생활비라도 벌고 있는지……' 하는 현실적인 생각이 발목을 잡았다.

그 후로 6년이 흐른 지금, 사회적 경제는 마을기업과 협동조합으로 유형도 세분화되었고 양적, 질적으로 놀랄 만큼 큰 발전을 이루었다. 물론 계속해서 적자를 내고 있는 기업도 많지만 말이다.

하지만 이런 사업적 성과와는 별도로 나를 번민하게 한 문제가 있었다.

- 우리가 진정 필요로 하는 사회적 가치는 무엇인가
- 사회적 가치의 실현에 필요한 혁신은 무엇이고, 또 그것은 어떻게 이루어야 하는가

사회적 가치는 사회적기업의 인증 요건과 동일한 것으로 치환되어 있었

고, 혁신은 사회적 가치뿐만 아니라 사업적 지속을 위해서도 꼭 필요함에도 구체적인 방법론이 없이 구호로만 존재하고 있었기 때문이다.

여기에 대해 어느 정도 방향을 가늠할 수 있게 된 다음에는 또 다른 의문이 생겨났다.

- 경제 논리로 풀 수 없는 전통적 비영리기관의 사업이나 시민사회의 활동이 왜 모두 사회적 경제로 수렴되는가

그래서 나의 탐구는 사회적 경제와 사회적 진보의 두 영역으로 나누어 진행되었다. 그리고 그 탐구는 참고할 만한 이론이나 얘기를 나눌 상대가 충분하지 않은 상황에서 이루어진 외로운 여정이었다.

내가 선택한 방법론은 사례 분석을 중심으로 한 연구였다. 사례야말로 현실을 정확하게 이해할 수 있는 가장 효과적인 방법이며, 나아가 혁신은 이론이나 개념이 아니라 오로지 직·간접 경험을 통해서만 원리를 파악할 수 있다는 믿음 때문이었다.

이렇게 지난 6년간의 작업 과정에서 내가 직접 만나거나 문헌을 통해 분석한 사례는 800여 개에 이른다. 이 책은 그 중 혁신의 유형과 성공

원리를 보여주는 대표적 사례를 추려 묶은 것이다.

그 동안 개인의 이익을 위해 사회적 가치를 악용하는 실망스런 경우도 적지 않게 보았다. 하지만 이 책에 담긴 사례에서 보듯, 올바른 성공을 이루어나가기 위한 진지한 노력들이 작업을 계속할 수 있는 희망과 용기를 주었다. 우리나라뿐만 아니라 전 세계 곳곳에서 사회적 가치와 사회의 진보를 위해 혁신의 지혜를 발휘하고 있는 분들에게 이 자리를 빌려 감사와 경의를 표한다. 그리고 이분들의 열정과 노력이 독자들에게도 전해져 다음과 같은 힘든 여정에 길잡이가 되어주기를 간절히 바란다.

- 사회적 가치의 올바른 방향 설정
- 사회적 가치의 실현을 위한 혁신적 아이디어의 발굴
- 아이디어의 성공적 실행을 위한 운영 시스템의 정립

그리고 앞서 얘기했듯, 이 책은 오롯이 귀납적 분석의 결과다. 따라서 앞으로 사례가 더 많이 발굴될수록 혁신의 유형과 성공 원리는 더 다양하고 깊이 있게 전개될 수 있을 것이다. 저자가 미력하나마 이 길을 계속

가면서 벽돌 하나라도 더 올려놓을 수 있다면 큰 영광일 것이다. 우선은 온라인(www.epitus.com)을 통해 정리된 사례를 독자들과 계속 공유하고자 한다.

덧붙여, 이 책에 소개된 사례는 사회 혁신의 다양한 유형과 원리를 보여주기 위한 것이며, 사업적 성공의 비결을 소개하기 위한 것이 아님을 밝혀둔다.

2018년 8월

김동헌

PART 2
사회적 진보

우리가 필요로 하는
'사회적 가치'는 무엇인가

사회적기업육성법이 시행된 지 어느덧 만 11년이다. 그리고 IMF 위기 극복을 위해 공공근로 정책이 실시된 지는 벌써 20년이나 되었다. 한편 에서는 사회적경제기본법의 제정이 추진되고 있기도 하다.

사회복지 분야에도 매년 막대한 예산이 투입되고 있다. 2018년 현재 정부의 사회복지 예산은 144조 7,000억 원으로 전체 예산의 33퍼센트를 차지하고 있다. 또한 민간 영역의 기부금, 사회공헌 등의 자원들이 투입되고 있기도 하다. 이 모든 노력과 자원 투입의 기저에는 사회적 가치가 존재한다. 그렇다면 우리가 정말 필요로 하는 사회적 가치는 무엇인가에 대해 좀 더 명확하고 구체적으로 생각해 볼 필요가 있다.

가장 빈번하게 제시되는 것들로 연대, 협력, 봉사, 균형, 생태, 인권, 공정 등이 있다. 하지만 이들은 너무 추상적이어서 구체적인 실행 과제를 끌어내고 또 그 실행 성과를 측정하기에 부족한 점이 많다. 이렇게 현실의 과제에 대해 구체적인 지침을 제시할 수 없다는 것은 흥미 있는 논의의 주제는 될 수 있으나 막대한 자원의 투입을 결정하고 그 실행 과정을 이끌어갈 수 있는 실천적 기준으로 삼기는 어렵다는 것을 의미한다. 따라서 좀 더 명확하고 구체적인 정의가 필요하다.

가장 간단하고 효과적인 방법은 현장의 필요를 살펴보는 것이다. 다음은 2014년에서 2018년까지 5년 동안 서울시의 사회문제 해결을 위한 혁신형 사업의 과제들이다.

- 육아　• 어르신 돌봄　• 방과후 교실　• 생태(도시농업)
- 친환경(폐자원 처리 및 재활용)　• 대기 질 개선　• 소상공인 지원
- 재래시장 활성화　• 주거문제 해결　• 청·장년 실업 해결

이외에도 우리 사회에는 출산율 저하, 학교 폭력, 디지털 중독, 장애인 일자리 부족 등 여러 가지 심각한 문제가 산적해 있다. 이러한 현장의 과제들을 바탕으로 우리 사회가 필요로 하고 또한 내용적으로 바람직한 가치들을 유형화해보면 다음과 같다.

- 순 고용의 창출 : 청·장년 실업 해결
- 분배의 균형 : 소상공인 육성, 재래시장 활성화
- 사회문제의 해결 : 공공육아, 어르신 돌봄, 방과후 교실, 주거문제 해결

- 바람직한 가치의 증진 : 친환경(폐자원 처리 및 재활용), 생태(도시농업), 공동체적 삶, 대기 질 개선
- 정책성과의 개선 : 공공육아, 어르신 돌봄, 주거문제 해결, 대기 질 개선

실패를 불러오는 '모순'은 무엇인가

문제는 이런 사회적 가치를 현실에서 구현해낸다는 것이 결코 쉬운 일이 아니라는 점이다. 일반적인 경제 관행이나 정부 정책으로는 효과적인 해결이 이루어지지 않기 때문이다. 시장의 실패나 정책의 실패가 문제로 제기되는 이유다.

이 어려움의 핵심에는 다음과 같은 모순과 문제점들이 존재하고 있다.

- 사회의 구조적 모순 : 순 일자리의 창출과 우리 사회가 처한 고용 없는 성장(또는 저성장)은 상호 대립적 관계에 있다.
- 개인의 심리적 모순 : 가치 소비나 공동체적 삶은 사람들이 일반적으

로 추구하는 과시적 소비 및 독립적 삶과 상호 대립적 관계에 있다.

- 기술 및 자원의 부족 : 신재생 에너지와 같은 경우는 기술의 경제성 부족이 문제이며, 역량 있는 인재의 부족은 거의 모든 사회적 문제 해결이 부딪치고 있는 제약 요인이다.
- 임금, 이윤율 및 소득 격차 : 개인 간의 임금 격차, 사업 간의 이윤율 격차, 자산 소득과 근로 소득 간의 격차는 소득 분배 불균형의 가장 근본적인 문제다.

앞에서 설명한 여러 가지 모순들은 현장 상황을 통해 현실로 확인이 되고 있다. 다양한 영역에서 진행되고 있는 각종 사업들이 기대하고 있는 만큼의 성과를 달성하지 못하고 있는 것이다.

우선 사회적기업의 성과다. 고용노동부가 발표한 '2015년도 사회적기업 사업보고서 분석 결과'에 따르면, 2007년 법 시행 이후 올해 5월까지 정부 인증을 받은 사회적기업은 모두 1,975곳에 이르며, 이 가운데 1,741곳이 활동 중이다. 10년 동안 약 88퍼센트가 살아남은 셈이다. 그리고 5년의 지원 기간이 종료된 2007~2011년 인증 사회적기업 중 살아남은 사회적기업의 비율은 69.1~80.5퍼센트로 평균 74.7퍼센트에 이른다. 이 점은 무척 반가운 소식이다.

하지만 고용노동부가 사회적기업 1,653곳을 대상으로 경영성과(2016년 말 기준)를 분석한 결과, 전체 영업이익은 여전히 적자에 머물고 있다. 그리고 정부보조금을 제외하면 영업이익이 발생한 곳은 505곳(30.8퍼센트)에 그치고 있다. 따라서 여전히 정부의 지원이 없으면 사업의 지속 가능성을 보장할 수가 없는 상황에 있다고 할 수 있는 것이다.

우리 사회의 가장 긴급한 문제인 일자리 창출도 성과가 미흡하기는 마찬가지다. 최근 1년간 25조 원에 달하는 예산을 일자리 창출에 투입했지만, 2018년 3월의 실업률은 17년 만에 최악의 수준에 이르렀다.

그리고 또 하나의 긴급한 문제인 저출산 문제에 대해서도 지난 10년간 100조가 넘는 예산을 투입했지만 출산율은 오히려 계속해서 떨어졌고, 2017년에는 36만으로 사상 최저를 기록했다.

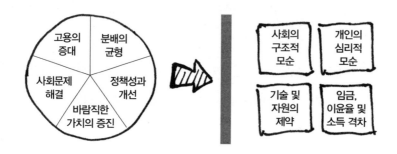

사회적 가치 창출에 '혁신'이
필수적인 이유

그렇다면 위와 같은 모순들을 극복하고 사회적 가치를 창출하는 방법은 무엇인가? 임금 상승의 압박에도 불구하고 고용을 늘리는 것, 그리고 갈수록 커지는 임금격차와 그에 따른 소득격차를 완화하는 것이 가능할까? 뿐만 아니라 말초적 자극의 유혹과 과시적 소비의 욕구를 극복하는 것이 가능한 일일까? 언뜻 불가능해 보이는 이들 문제에 대한 해답을 가장 효과적으로 얻을 수 있는 방법은 혁신의 원리를 활용하는 것이다. 그 이유는 혁신이 다음의 세 가지를 가능하게 하기 때문이다.

- 새로운 시장·고객의 발굴 (또는 복지의 사각지대 발견)
- 새로운 제품·서비스의 개발
- 사업을 하는 새로운 방법의 개발

여기서 시장·고객, 제품·서비스, 사업이란 영리를 목적으로 하는 상업적 활동뿐만 아니라 비영리적 활동에도 보편적으로 적용되는 개념이다. 사업은 어떤 일을 일정한 목적과 계획을 가지고 짜임새 있게 지속적으로 경영하는 것을 의미하며, 비영리사업도 그 수혜자들을 대상으로 제품이나 서비스를 공급하기 때문이다.

이를 그림으로 표시하면 다음과 같다.

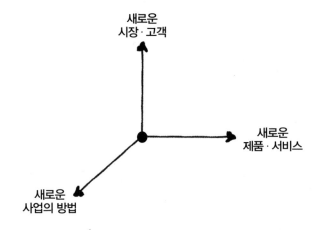

가치를 창출할 수 있는 기회의 공간이 급격히 넓어졌음을 확인할 수 있다.

이런 혁신의 원리를 앞에서 설명한 모순들에 적용하면 다음과 같은 방안을 생각해 낼 수 있다.

우선 고용증대와 관련된 사회구조의 모순에 대해 생각해보자. 이 문제의 핵심은 임금인상으로 인한 경쟁력의 상실이다. 그런데 이때 상실된 경쟁력은 원가 경쟁력에 국한된다. 사업 전체의 경쟁력이 저하되는 것이 아닌 것이다. 원가 경쟁력만이 사업의 성공을 결정하는 것이 아닌 바에야 원가가 아닌 다른 경쟁력이 중요한 사업을 하면 되지 않는가! 인적 서비스업이 좋은 예다. 특히 고급의 인적 서비스일수록 우리말이 능숙하고 우리 문화에 익숙한 숙련 근로자가 필요하다.

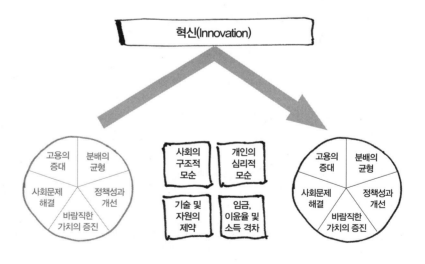

다음은 소비습관과 관련된 개인의 심리적 모순이다. 여기에는 과시적 소비와 말초적 자극을 추구하는 인간 본성이 자리 잡고 있다. 사업혁신에 비해 사회혁신이 훨씬 더 어려운 이유 중의 하나는 이러한 인간의 본성을 있는 그대로 충족시키는 것이 아니라 그것을 거슬러 올라가야 하기 때문이다. 그런데 만일 이런 인간의 본성을 혁신의 동력으로 활용할 수 있다면 어떨까? 군이 그것을 거슬러 올라가야 하는 난관을 겪지 않아도 될 것이다. 그 해답은 간단한 발상의 전환으로 얻을 수 있다. 예를 들면 본인이 만들어낸 사회적 가치를 은연중에 과시할 수 있도록 하는 것이다. 또는 사회적 가치를 실현하는 과정에서 본인이 이득을 얻을 수 있도록 하는 것도 가능하다. 이에 대한 구체적인 사례는 뒤에서 차례로 살펴보기로 하자.

마지막은 기술과 자원 제약의 문제다. 이 점에 대해서는 우선 기존 기술의 획기적인 개선이나 새로운 기술의 개발을 위해서는 엄청난 시간과 비용이 투입되어야 한다는 것을 명확히 인식할 필요가 있다. 그리고 대부분의 적정기술은 소비자가 필요로 하는 바를 충분히 만족시키지 못하고 있다는 점을 받아들여야 한다. 해결 방법은 기존의 기술을 지혜롭게 활용하는 것이다. 애플이 처음 세상에 내놓은 스마트폰도 기존의 기술들을 융합하고 활용한 것이었다. 이것은 자원에 대해서도 마찬가지다.

기존의 자원을 활용할 수 있는 방법을 찾으면 된다. 관건은 활용 가치가 있는 기술과 숨겨진 자원을 발굴하고 동원하는 것이다.

여기서 우리는 혁신이 모순을 극복하게 하고 이 모순의 극복을 통해 사회적 가치가 보다 크고 효과적으로 창출되도록 하는 데 중요한 기여를 할 수 있음을 확인할 수 있다.

다음의 두 장에서는 사회적 가치를 '사회적 경제'와 '사회적 진보'의 두 영역으로 나누어, 혁신을 통해 이런 모순들을 극복한 사례와 그 기업들이 성공할 수 있었던 원리와 방법론을 살펴보고자 한다.

PART

1

사회적 경제

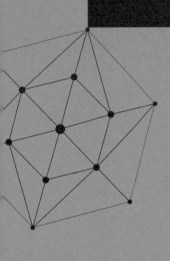

SECTION 1

사회적 경제 영역에 대한 이해

사회적 경제는 고객이 필요로 하는 경제적 가치를 제공하고 이에 대해 가격이라는 대가를 받는 영리활동이 사업의 근간을 이루고 있는 영역이다.

이를 우리가 살고 있는 사회의 세부적 구성과 대응시켜보면 다음 그림의 회색 부분(①, ②)에 해당한다. 그리고 구체적인 과제의 측면에서는 다음과 같다.

① 사업 영역 : 소상공인 육성, 재래시장 활성화, 청·장년 실업 해결
② 복지 영역 : 공공육아, 어르신 돌봄, 방과후 교실, 주거문제 해결

이렇게 우리 사회의 구성적 맥락을 살펴보는 이유는, 개인이나 기업 그리고 정부가 아닌 제3섹터가 주된 활동을 하고 또 가치를 창출해야 하는 영역을 명확히 분별하기 위해서다. 또한 사회적 가치의 창출 여부를 정확하게 판단할 수 있도록 함으로써 자원 투입의 효율성을 제고하는 효과도 있다.

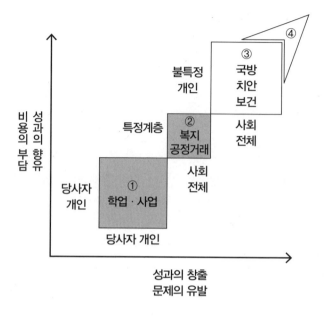

앞의 그림은 우리 사회를 문제 유발의 주체에 대비해 그 문제에 따른 비용을 지불하는 주체, 또는 어떤 일에 대한 노력의 주체에 대비해 그 과실을 향유하는 주체를 기준으로 구분해본 것이다. 각 세부 영역의 의미는 다음과 같다.

① 학업 · 사업

각 개인의 책임으로 문제가 발생하며 그로 인한 피해의 책임도 당사자 개인이 지는 영역이다. 이 영역은 또한 각 개인의 노력으로 일의 결실이 맺어지며 그 결실을 당사자 개인이 배타적으로 소유하는 영역이기도 하다. 자유경쟁을 원칙으로 이루어지는 학업과 사업이 이 영역에 해당하는 대표적인 경우다. 따라서 이 영역에서는 순 일자리를 창출하거나 소득격차를 해소하는 것이 주된 사회적 가치가 된다. 또한 협동조합의 방식을 통해 소득의 균형에 기여하는 것도 중요한 사회적 가치다.

반면, 자기주도적 학습의 보급이나 청소년을 위한 경제 교육과 같이 그 결실이 당사자 개인에게 배타적으로 주어지는 경우는 사회적 가치가 극히 희박하다고 할 수 있다.

② 복지 · 공정거래

특정 개인이 아니라 사회 시스템의 불완전성에 의해 발생하는 문제이지만, 문제가 발생하는 경우 그 피해가 사회 전체에 무작위적으로 돌아가는 것이 아니라 특정 집단에게만 미치는 경우다. 사법 시스템(예를 들면 공정거래법)이 잘못 설계되거나 운영됨으로써 특정 개인이나 집단에게 피해가 발생하는 경우가 여기에 해당한다고 볼 수 있다.

사회복지의 경우에도 정책의 목표가 잘못 설정되거나 실행이 비효율적으로 이루어지는 경우에는 사회 전체가 아니라 사회복지의 수혜 대상이 직접적인 피해를 입게 된다. 따라서 이 영역에서는 사회복지의 사각지대에 놓인 문제를 해결하거나 사회복지 정책의 효율성을 향상시키는 것이 주된 사회적 가치라고 할 수 있다.

③ 국방 · 치안 · 보건

특정의 개인이 유발하는 문제가 아니며, 그 결과에 대해서도 당사자 개인이 책임을 질 수 없는 경우다. 그리고 문제가 발생하면 사회 전체에 걸쳐 피해가 발생한다. 따라서 국가가 세금을 통해 필요 업무를 진행하며, 그 결과에 대해서도 국가가 전적으로 책임을 지게 된다. 국방과 치안 그리고 공중 보건이 여기에 해당하는 대표적인 업무들이다.

참고로 특정 개인의 책임으로 문제가 발생하지만, 당사자가 아닌 불특정의 타인에게 피해가 발생하는 경우가 있다. 범죄나 교통사고가 이 경우에 해당한다. 이런 문제는 치안이나 공중 보건과 같은 사회 시스템이 완벽하지 못함으로 해서 발생하는 것으로 볼 수 있다.

④ 사회 시스템

우리 사회를 전체적으로 진화 발전시키기 위한 제반 활동이다. 공동체 만들기, 생태적 삶, 환경보호 등 바람직한 가치를 증진시키는 모든 활동이 이 영역에 포함된다. 이렇게 사회 시스템 전체를 발전시키는 영역이기 때문에 뚜렷한 성과를 얻는 데 오랜 시간이 소요되며, 특정 시점에서는 수많은 시행착오를 겪게 된다.

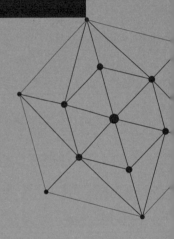

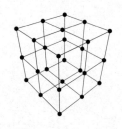

사회적 경제 영역에서 창출되어야 할 중요한 사회적 가치와 실행과제 그리고 그 과제가 성과를 거두기 위해 극복되어야 할 모순을 정리해보면 다음과 같다.

	과제	가치	모순
(1)	• 청년실업 해결 • 장년실업 해결	• 순 고용의 창출	• 사회의 구조적 모순
(2)	• 소상공인 지원 • 재래시장 활성화 • 주거문제 해결	• 분배의 균형	• 임금, 이윤율 및 소득 격차
(3)	• 공공육아 • 어르신 돌봄 • 방과후 학교 • 대기 질 개선	• 정책성과의 제고	• 자원과 기술의 제약

1

순 고용의 창출 vs.
사회의 구조적 모순

순 고용의 창출

고용창출은 우리나라가 가장 시급히 필요로 하는 사회적 가치라고 할
수 있다. 이것은 우리나라뿐만 아니라 저성장과 고용 없는 성장이 지속
되고 있는 모든 선진국 경제에 공통적으로 해당한다. 사회적기업의 연
원을 IMF 시절의 일자리 창출 사업으로 거슬러 올라가는 것도 바로 이
러한 맥락에서다.

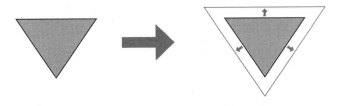

그런데 여기서 이야기하는 고용의 창출은 '순 고용'의 창출을 의미한다.
특정 집단의 고용으로 인해 다른 집단의 고용이 줄어드는 결과, 즉 제

로섬(Zero-Sum)의 결과를 낳게 된다면, 사회적 가치는 창출되지 않는다. 예를 들어 노년층의 고용으로 인해 동일한 일(음식점, 카페 등)에 종사하는 청·장년의 일자리가 줄어들게 된다면 고용 창출의 측면에서는 의미가 없다는 것이다.

사회의 구조적 모순

아래 그림은 실업률의 증가, 즉 고용 없는 성장이 지속되고 있는 원인을 보여준다.

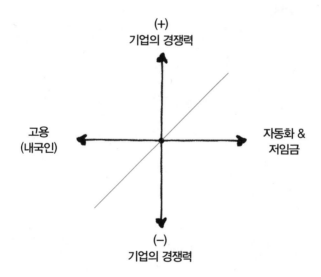

기업이 글로벌 시장에서 경쟁력을 확보하기 위해서는 임금이 상대적으로 높은 내국인 근로자의 고용을 최소화하고 생산의 자동화를 통해 인력 규모를 줄이거나 저임금 국가로의 이동이 필요하다는 것이다. 이렇

게 글로벌 시장에서의 경쟁력이 이슈가 되는 이유는 우리나라의 기업들이 경쟁을 하는 주 무대가 해외, 즉 글로벌 시장이라는 사실뿐만 아니라 무역 장벽이 완화됨으로써 국내 시장에서의 경쟁 또한 거의 완전한 수준으로 글로벌화가 이루어져 있기 때문이다.

이렇게 기업의 경쟁력과 내국인 근로자의 고용 사이에는 모순적 관계가 존재한다.

2

분배의 균형 vs.
임금, 이윤율 및 소득격차

분배의 균형

부의 편중화는 고용 없는 성장이 낳고 있는 실업 문제와 함께 우리 사회가 안고 있는 또 하나의 중요한 경제적 문제다. 우리나라는 경제협력개발기구(OECD) 국가 중 네 번째로 소득의 불평등이 심각하다(2016. 02. 12 발표 기준). 그리고 전체 국민 가운데 중간 소득도 못 올리는 저소득층 비율은 OECD 회원국 중에서 가장 많다. 분배 상황이 주요 선진국 가운데 최악의 수준이라고 할 수 있는 것이다. 따라서 소득 분배의 균형을 가져오는 것 역시 매우 중요하다.

임금, 이윤율 및 소득격차

사회의 부가 소수에 집중되는 부의 편중화가 가속화되는 것은 다음과 같은 세 가지의 문제에 연원을 두고 있다.

첫 번째는 임금 격차다. 같은 회사에 근무하더라도 고위 경영진과 일반 직원들 사이에는 임금 수준에 큰 차이가 존재한다. 두 번째는 이윤율의 격차다. 대기업의 이윤율과 중소기업이나 영세 자영업의 이윤율에는 큰 차이가 있다. 그리고 세 번째는 근로소득과 자산소득 사이에 존재하는 격차다. 근로소득이 하루 8시간의 노동에 대해서만 보상을 받는데 비해, 자산소득은 하루 24시간 그리고 1년 365일 계속해서 부를 창출한다. 그리고 이런 불균형은 부의 상속을 통해 지속되고 가속화된다. 여기에 더해 상속세나 누진세 제도의 퇴보도 한몫을 하고 있다.

이러한 문제는 스스로의 능력과 기업가 정신으로 자수성가하는 사람들에 비해 상속으로 부자가 되는 사람들이 더 많아짐으로 해서 사회 전체의 활력이 떨어지는 결과를 낳기도 한다.

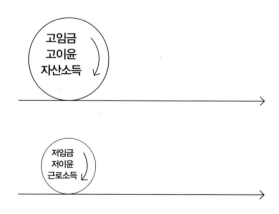

3

정책성과의 제고 vs.
자원과 기술의 제약

정책성과의 제고

우리나라의 국내총생산(GDP; Gross Domestic Product)에서 정부 지출이
차지하는 비중은 3분의 1 가량이나 된다. 따라서 정부 정책의 성과가 낮
을 경우 그 영향은 매우 크다.

정책 성과와 관련된 대부분의 문제는 정책의 방향보다는 그 실행 과정
에서 효과성과 효율성이 낮음으로 해서 발생되고 있다. 그리고 미흡한
효과성은 잘못된 성과 목표의 설정이, 낮은 효율성은 이행 과정에서 발
생하는 높은 간접비의 비중이 그 원인으로 제시되고 있다.

자원과 기술의 제약

인적·물적(특히 인적) 자원이 부족하여 사회가 필요로 하는 서비스를 충분히 제공하지 못하는 경우가 매우 많다. 국공립 유치원에 입학하기 위한 경쟁률이 그토록 높은 것도 충분한 자격 요건을 갖춘 유아 교사와 적절한 규모의 시설이 부족하기 때문이다.

이 문제의 핵심은 아래의 그림에서 보는 바와 같이, 고객이 지불하고자 하는 가격 수준에서의 공급이 부족하다는 점에 있다.

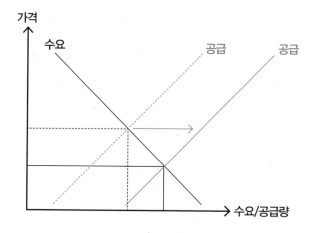

이와 같이 사회적 가치를 실현하기 위해서는 기술의 경제성이나 자원 부족의 문제가 해결되어야 하는 경우가 있다.

정부의 경제 정책 측면에서 이러한 모순들 간의 상호 관계를 설명하고 있는 이론이 있다. 바로 트릴레마론이다. 트릴레마 (trilemma)는 이러지도 저러지도 못하는 난제가 셋이나 겹쳐 있는 상황을 의미한다. 딜레마가 두 가지 대안 중 어느 쪽도 선택할 수 없는 진퇴양난의 상황을 의미하는 것과 비교할 수 있다.

하버드대 경제학자 토번 아이버슨(Torben Iversen)과 앤 렌 (Anne Wren)은 1998년 '평등, 고용 그리고 예산 제약(Equality, Employment, and Budgetary Restraint: The Trilemma of the Service Economy)'이라는 논문에서 재정 건전성, 소득 평등, 고용 증대의 관계를 트릴레마로 규정했다. 아이버슨과 렌은 이러한 현상이 생산성을 비약적으로 끌어올리기 어려운 서비스 경제의 구조적 특

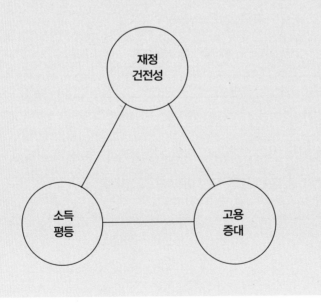

성에서 비롯되는 것이라고 설명한다. 고용 없는 성장이 지속되면서 일자리 창출의 많은 부분이 정부 재정에 의존해서 진행되고 있는 상황에서, 재정의 투입을 줄이면서(재정의 건전성을 늘리면서) 동시에 일자리도 늘리고(고용 증대) 급여도 많이 지급하는(소득 평등) 것은 불가능하다는 것이다.

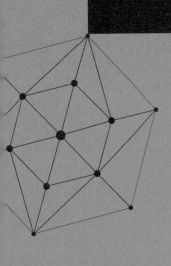

SECTION 3

사회적 경제 영역의 혁신 사례

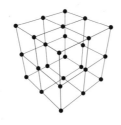

혁신은 본 만큼 이룬다는 말이 있
다. 혁신적인 아이디어는 상상력
이나 이론에 힘입어 머릿속에서
생겨나는 것이 아니라 개인의 직간접적인 체험을 바탕으로 하기 때문이
다. 따라서 혁신 작업을 추진함에 있어 가장 먼저 해야 할 일은 다양한
사례들을 살펴보는 것이다.

혁신에 대한 깊이 있는 이해를 위해서는 해당 사례들을 단순히 하나의
이야기로 받아들이는 것이 아니라, 체계화된 방법에 의해 핵심 아이디
어를 파악하면서 그 원리를 이해해 나가야 한다. 이를 위한 가장 효과적
인 방법은 비즈니스 프로필(Business Profile)을 이용하는 것이다.

비즈니스 프로필은 한 기업의 사업 구조를 효과적으로 정리할 수 있는
체계다. 사람으로 치면 나이와 성별, 키, 몸무게 등을 파악하듯이, 해당
기업이 어떤 고객에게, 어떤 제품이나 서비스를, 어떤 방법으로 제공하
는지를 중심으로 여기에 영향을 주는 외부 요인-트렌드와 파트너십-을
함께 정리한 것이다.

다음 도표는 비즈니스 프로필을 정리하는 데 활용할 수 있는 템플릿이다.

비즈니스 프로필 템플릿

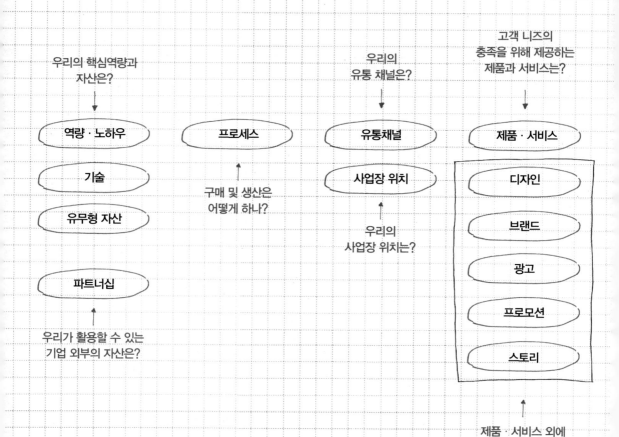

우리의 핵심역량과
자산은?

우리의
유통 채널은?

고객 니즈의
충족을 위해 제공하는
제품과 서비스는?

역량 · 노하우

프로세스

유통채널

제품 · 서비스

기술

구매 및 생산은
어떻게 하나?

사업장 위치

디자인

유무형 자산

우리의
사업장 위치는?

브랜드

파트너십

광고

우리가 활용할 수 있는
기업 외부의 자산은?

프로모션

스토리

제품 · 서비스 외에
활용할 수 있는
수단은?

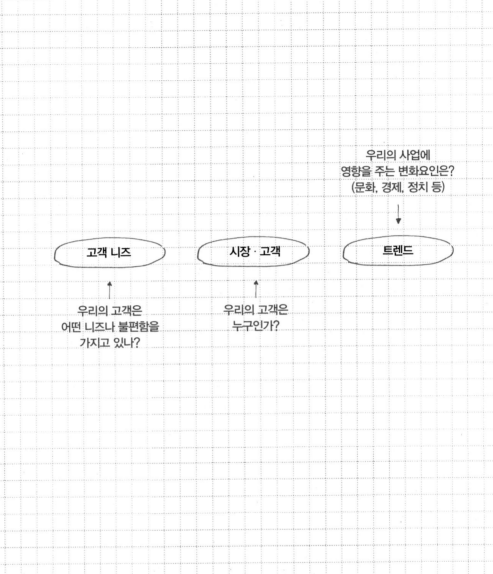

우리의 사업에
영향을 주는 변화요인은?
(문화, 경제, 정치 등)

↓

고객 니즈   시장 · 고객   트렌드

↑   ↑

우리의 고객은   우리의 고객은
어떤 니즈나 불편함을   누구인가?
가지고 있나?

비즈니스 프로필을 쉽게 이해할 수 있는 방법은 사업의 핵심 요소 네 가지를 우선 파악한 다음 필요에 따라 구성 요소를 더해가는 것이다.

사업의 핵심 요소 4가지

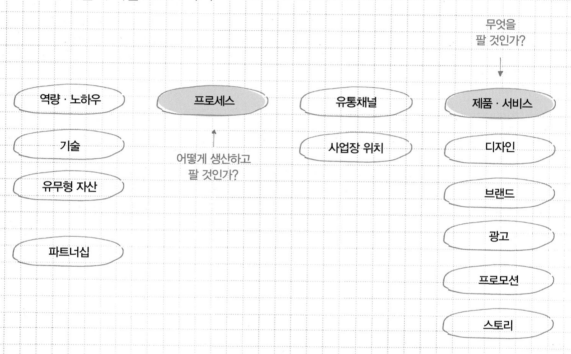

위의 도표는 널리 사용되고 있는 비즈니스 모델 캔버스(Business Model Canvas)나 가치사슬(Value Chain)의 문제점을 다음과 같이 보완하고 있다. 우선 비즈니스 프로필에는 가치사슬에 빠져 있는 고객과 고객 니즈, 그리고 이 두 가지에 크게 영향을 미치는 트렌드가 포함되어 있다. 그리고

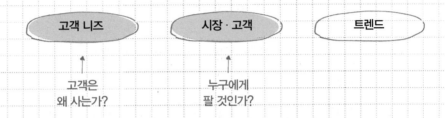

비즈니스 모델 캔버스에는 모호하게 표시된 가치 제언을 고객 니즈와 제품·서비스로 명확히 구분함으로써 수요와 공급이라는 비즈니스의 핵심을 분명히 하고 있다. 또한 디자인이나 스토리와 같이 혁신의 수단으로 이용될 수 있는 다양한 요소들이 추가되어 있다.

1

새로운 시장 및
고객의 발굴

━━━━━━━━━━

새로운 시장이나 고객의 발굴은 개별 기업의 입장에서 성장을 위한 가장 중요한 방안이다.

예를 들면 성인용으로 판매되던 제품을 일부 보완하여 청소년용으로 판매하는 것이다. 개인용(B2C) 제품을 기업용(B2B)으로 판매하는 방법도 있다.

이는 또한 산업(파이) 전체의 크기를 키우는 가장 효과적인 방법이며, 동시에 순 고용을 늘리는 가장 확실한 방법이다. 이 점에서 파이의 크기는 그대로 둔 채 저가 정책 등을 통해 특정 기업의 시장점유율만을 늘리는 경쟁전략과는 명확히 구분된다.

새로운 시장이나 고객을 발굴하는 데 효과적인 질문은 다음과 같다.

① 기존에 있던 시장 외에 새롭게 생겨난 시장이 있는가?

② 기존에 있던 시장 중에서 그 특성이 변화한 시장이 있는가?

③ 기존에 있던 시장이고 변화도 없지만, 미처 보지 못하고 있던 시장
은 없는가?

스카이휠

다리가 불편한 장애인도 탈 수 있는 손발자전거

스카이휠은 특수 자전거를 만드는 회사다. 이 회사의 첫 번째 제품은 손발자전거였다. 이 자전거의 특징은 손과 발 모두를 사용하여 바퀴를 굴릴 수 있게 함으로써 전신운동을 할 수 있도록 한 데 있다. 보통의 자전거가 바퀴는 발로만 굴리고(구동) 손으로는 핸들을 조작(조향)하도록 하는 방식을 채택하고 있는 것과 큰 차이가 있다.

이런 손발자전거의 등장이 처음은 아니다. 하지만 스카이휠의 손발자전거는 지금까지 개발된 손발자전거들의 문제점을 획기적으로 개선했다는 점에서 주목받았다. 기존의 손발자전거들은 손으로 바퀴를 굴리면

서 방향전환까지 해야 했다. 그러다 보니 방향을 틀 때마다 자전거의 중심이 흐트러지면서 안정적인 운행이 불가능해지는 문제가 있었던 것이다. 스카이휠의 손발자전거는 이러한 문제를 깨끗이 해결했다.

이 자전거의 발명은 발명자인 최진만 대

표의 아내가 교통사고를 당한 것이 계기가 되었다. 아내의 재활치료를 도울 방법을 찾던 중 TV에서 동물 다큐멘터리를 보다가 치타가 척추와 꼬리뼈로만 방향을 전환하는 데서 아이디어를 얻은 것이다.

손발자전거 이후로도 스카이휠의 특수자전거 개발작업은 계속되었다. 다리가 불편한 사람들도 자전거를 탈 수 있도록 발 기능을 제외한 손자전거가 개발되었고, 척수 장애인용 자전거와 장애인과 비장애인이 함께 탈 수 있는 2인용 자전거도 개발되었다.

아내의 건강을 위해 시작된 일이 이제는 장애인들에게 새로운 삶의 기쁨을 주는 사업으로 발전하게 된 것이다.

스카이휠의 비즈니스 프로필

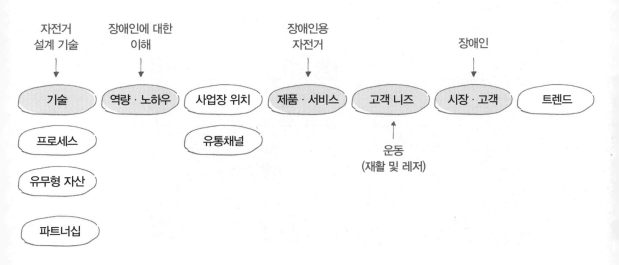

그라민-다농푸드

빈곤층 어린이를 위한 영양 강화 요구르트

그라민-다농푸드(Grameen Danone Foods)는 빈곤 계층을 위한 소액 대출로 유명한 그라민 은행(Grameen Bank)과 다국적 기업인 다농 그룹(Groupe Danone)의 합작 회사로 우리나라에도 잘 알려진 사례다.

이 회사의 주 제품인 영양 강화 요구르트는 뱅갈어로 에너지를 뜻하는 '샥티도이(Shoktidoi)'로 불렸는데, 아이들을 위한 각종 필수영양소가 풍부해서 한 컵으로 일일 영양 섭취 권장량의 30퍼센트를 제공함으로

써 매주 두 개씩만 먹어도 영양실조를 극복할 수 있도록 개발되었다. 그리고 가격도 저렴하여 한 개당 6BDT(약 80원)에 공급되었다. 이 제품이 공급되기 전 방글라데시에서는 아이들 두 명 중 한 명이 영양실조를 겪고 있을 정도로 아동들의 영양 상태가 취약했다.

또한 이 요구르트는 각 지역에서 생산된 원료로 만들어지고, '그라민 레이디'라고 불리는 각 지역의 여성들이 배달을 책임지도록 함으로써 사회적 경제 기업으로서는 아주 이상적인 사업 모델을 가지고 있었다.

그라민-다농푸드의 비즈니스 프로필

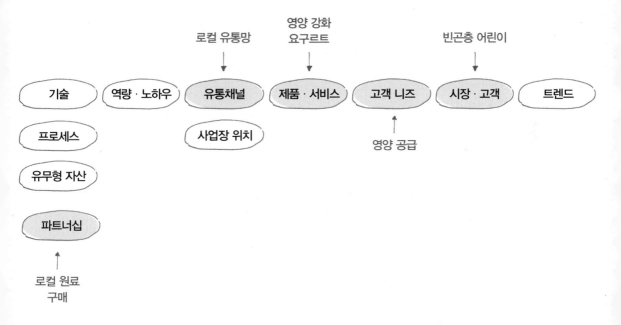

하지만 이 회사의 초기 제품은 타깃 고객인 어린이들로부터 외면을 당하는 아픔을 겪어야 했다. 요구르트가 너무 묽고 당도가 낮았기 때문이다. 이 문제를 해결하기 위해 다농의 연구진들은 제품의 개선에 심혈을 기울였고, 마침내 대추야자 시럽과 전통 감미료에서 해답을 찾아냈다. 제품력의 부족으로 인해 사업이 좌초될 뻔한 위기를 극복한 것이다.

이렇게 그라민-다농푸드는 글로벌 기업 다농의 생산 기술과 현지의 저렴한 노동력 그리고 최종 소비자를 생각한 제품이 맞물린 훌륭한 CSV(Creating Shared Value 기업이 사회적 가치를 창출하면서 동시에 경제적 이익을 추구하는 활동) 사례다.

힌두스탄 유니레버 리미티드

저소득층도 부담 없이 사서 쓸 수 있는 위생용품

인도 시골 마을의 저소득층 주민들은 대부분 비누 대신 흙이나 재를 사용하며 오염된 물을 생활용수로 쓴다. 경제적인 여유가 없기 때문에 설사나 생명을 위협하는 전염병의 위험에도 불구하고 이런 재료를 쓸 수밖에 없는 것이다.

이런 상황을 사업 기회로 인식한 힌두스탄 유니레버 리미티드(HUL: Hindustan Unilever Limited)는 샴푸나 비누 등의 제품을 하루 분량의 작은 단위로 포장하고 가격도 4센트 정도로 낮게 설정하여 저소득층 사람들도 큰 부담 없이 구매할 수 있도록 했다.

또한 세숫비누와 세탁비누를 구별하지 않고 사용하는 인도 소비자들을 위해 피부에 자극을 주지 않는 부드러운 성분의 세탁 겸용 세숫비누도 개발했다.

아주 간단한 아이디어였지만 그 결과는 놀라웠다. HUL은 현재 인구 2,000명 이상의 모든 마을에서 사업을 벌이고 있다. 소매 점포가 생겨나기 어려운 시골 지역에까지 판매 채널을 구축한 것이다. HUL은 이렇게 함으로써 인도 내 10만 개 이상의 마을에 판매망을 확충했는데, 이를 통해 판매되고 있는 샴푸는 인도 전역에서 판매되는 샴푸의 60퍼센트 이상을 차지한다.

HUL의 또 다른 특징은 판매 조직의 구성에 있다. 샤크티 암마(Shakti Amma, Shakti는 '힘'을 의미)라고 불리는 이들은 시골 마을의 자활조직 여성들로 구성되어 있는데, HUL은 이들에게 제품을 공급할 뿐만 아니라 영업 방법에 대한 교육도 제공하고 있다. 또한 위생에 대한 교육도 실시하여 이들이 다시 주민들에게 위생교육을 제공하도록 하고 있다. 주민들의 위생문제 해결과 취약 계층의 일자리 창출이라는 두 가지 목적을 동시에 달성한 것이다.

한편 이 프로젝트는 여성들로 하여금 경제력을 갖게 함으로써 이들이 가정 내에서 가지는 입지를 강화시키는 데도 크게 기여했다. 즉 여성들의 권익을 향상시키는 효과도 가져온 것이다. 샤크티 참가자들은 평균적으로 이전보다 두 배의 소득을 올리고 있다.

HUL의 비즈니스 프로필

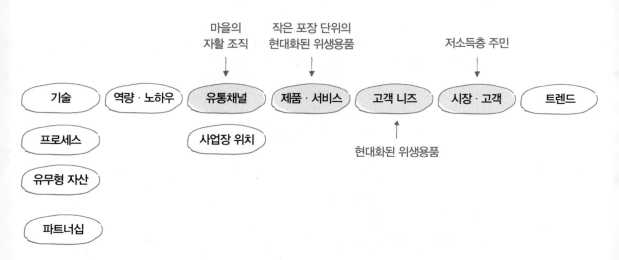

위짓뱅크

모바일 기술로 아프리카 오지에 은행 서비스 제공

전 세계적으로 휴대폰 보급률은 80퍼센트를 넘어섰고, 아프리카의 오지 마을 사람들도 휴대폰을 사용하고 있다. 하지만 무선통신 전파가 미치는 이곳에도 은행 서비스가 제공되지 않는 곳이 많다. 인구가 적은 이곳에 은행의 지점을 내기엔 채산성이 맞지 않기 때문이다. 이 때문에 주민들은 은행 일을 보기 위해 몇 시간 동안 차를 타고 도시로 나가야

하며, 오가는 동안 강도를 만날 위험도 감수해야 한다.

　남아프리카 공화국의 위짓뱅크(WIZZIT Bank)는 이것을 사업 기회로 인식하고, 모바일뱅킹 기술을 이용하여 원격으로 은행 서비스를 제공하고 있다. 휴대폰의 문자 기능을 이용하여 송금은 물론이고 전기나 수도 요금을 납부하고 휴대폰의 통화 시간을 살 수 있도록 한 것이다.

　이들은 또한 은행 및 우체국과 제휴 관계를 체결함으로써 고객들이 오프라인에서도 입출금을 할 수 있도록 했으며 ATM기 또한 이용할 수 있도록 했다. 모바일뱅킹 기술을 통해 아프리카의 오지 사람들도 도시 사람들과 똑같은 서비스를 받을 수 있도록 한 것이다.

　또 한 가지 특이한 점은 위즈키즈(WIZZkids)라고 불리는 이 은행의 영업사원들이다. 위즈키즈라 불리는 이들은 각 마을의 미취업 청년들로 구성되며, 휴대폰의 사용이 익숙하지 않은 고객(마을 주민)들을 위해 위짓

뱅크의 사용법을 안내하고 문제해결을 도와준다.

위짓뱅크는 이들에게 고정급이 아니라 판매 및 서비스의 성과에 따른 보수를 지급하는데, 이 제도는 위즈키즈들로 하여금 더욱 열심히 위짓뱅크의 서비스를 판매하고 또 고객들이 사용법을 숙지하여 적극적으로 사용하도록 하는 효과를 가져다주고 있다. 즉, 마을 청년들의 자활을 돕는 동시에 회사의 매출도 향상시키고 있는 것이다.

남아프리카 공화국에서 시작된 위짓뱅크의 사업은 이제 케냐, 잠비아, 로마니아 등을 포함하여 아프리카 전역으로 확대되고 있다.

위짓뱅크의 비즈니스 프로필

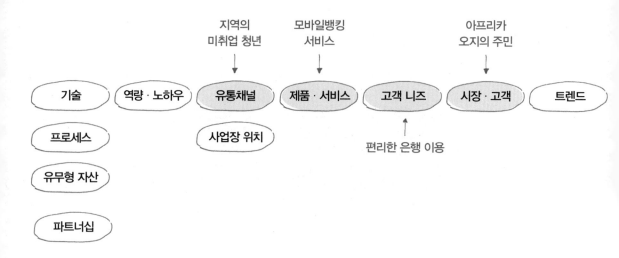

2

새로운 제품 및
서비스의 개발

━━━━━━━━━━━━━

새로운 제품이나 서비스의 개발도 전체 사업(파이)의 크기를 키우는, 그 래서 순 고용을 늘리는 효과적인 방법이다. 예를 들면, 바쁜 출근 시간으로 인해 아침식사를 거르는 직장인들이 편리하게 먹을 수 있는 죽이나 떡 도시락이 있을 수 있다.

한편 완전히 새로운 제품이나 서비스의 개발이 아니라 기존의 제품이나 서비스를 대체하는 경우에도 사회적 가치를 만들어내는 경우가 있다. 부정적인 영향이 큰 제품이나 서비스를 바람직한 소비로 전환시키는 제품이나 서비스를 개발하는 경우가 여기에 해당한다. 친환경 제품이나 적정소비를 위한 제품들이 그 예다.

새로운 제품이나 서비스를 개발하는 데 효과적인 질문은 다음과 같다.

① 새로운 제품이나 서비스가 개발됨으로써 충족될 수 있는 시장이나

고객 니즈가 있는가?

② 기존의 제품이나 서비스를 보완함으로써 충족될 수 있는 시장이나

고객 니즈가 있는가?

감이랑

홍시나 곶감 너머 다양한 감 제품 개발

청도는 감의 도시다. 청도 농가의 70퍼센트가 감을 재배하고 있으며, 우리나라 감 다섯 개 중 한 개는 청도에서 열린다고 할 만큼 많은 감이 생산되고 있다. 청도의 명물 청도반시는 씨가 없어 먹기에도 편하다.

하지만 감과 같은 과실 작물은 비수기라고 하는 심각한 문제점을 안고 있다. 감 출하 시기인 10월부터 이듬해 2월까지를 제외하면 매출이

큰 폭으로 줄어드는 것이다. 따라서 이에 대한 대책이 필요했고, 청도는 감 가공 사업에서 그 돌파구를 찾아냈다.

최근 사람들에게 널리 알려진 얼린 홍시는 물론, 쫀득쫀득한 맛이 매력적인 감말랭이, 감으로 만든 와인, 버려지는 감 껍질을 이용해 만든 감식초, 감잎차 등 다양한 형태의 감 가공식품을 세상에 선보인 것이다.

이렇게 해서 현재 청도군 내에는 감 가공 공장이 모두 30여 개에 달하고 있다. 농업회사법인 '감이랑'은 이런 과정을 통해 성장한 기업이다.

감 가공 사업은 비수기 문제의 해결뿐만 아니라 소득 증대의 효과도

감이랑의 비즈니스 프로필

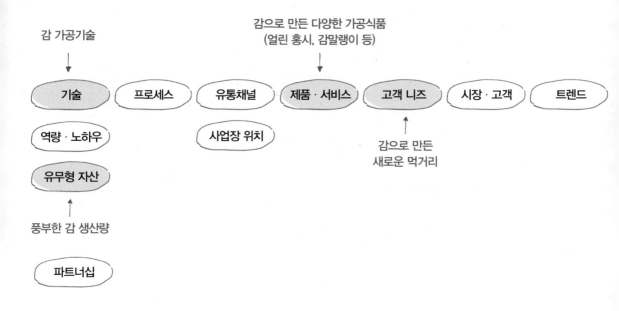

가져다주었다. 가공 작업을 통해 감을 그대로 내다 파는 것에 비해 훨씬 더 높은 부가가치를 창출하게 되었기 때문이다.

청도군은 또한 감 가공 사업뿐만 아니라 농촌체험 사업도 진행하고 있다. 유휴 농가가 늘어나고 고령화 현상이 가속화되면서 방치돼 있는 감나무가 상당수 있는데, 이 감나무들을 도시민들에게 분양하고 도시민들이 이 나무들을 가꾸는 사업이다.

또한 청도에는 청도반시의 경쟁력 확보를 위한 청년협의회도 구성되고 있다. 감 가공 사업자들은 대부분 부모들이 감 재배를 하고 자녀들이 감을 가공하는 방식을 택하고 있는데, 각 가정이 개별적으로 활동할 경우 전체 시장을 대응하는 데 한계가 있을 수밖에 없다. 따라서 함께 모여서 교섭력도 높이고 판로도 공동으로 개척하기 위한 취지의 활동을 벌이고 있다.

대지를 위한 바느질

드레스에서 꽃 장식까지 환경을 보호하는 친환경 결혼식

(주)대지를위한바느질의 대표 상품은 친환경 웨딩드레스다. 대부분 한 번 입고 버려지는 웨딩드레스들이 화학섬유로 만들어져 있어서 자원 낭비와 환경오염을 유발한다는 것을 고민한 끝에 옥수수 전분, 쐐기풀 같은 친환경 소재로 웨딩드레스를 만들었다. 그리고 결혼식이 끝난 다

음에는 웨딩드레스를 리폼해서 평상복으로도 입을 수 있게 해준다.

입에서 입으로 전해지는 소문을 통해 고객이 늘어나면서 이제 사업은 웨딩드레스뿐만 아니라 부케, 청첩장, 음식 등 결혼식 전반으로 자연스럽게 확대되었다. 물론 이 경우에도 가능한 모든 것이 친환경 방식으로 이루어진다. 결혼식에 쓰이는 꽃이나 부케는 절화를 사용하지 않고 뿌리가 살아 있는 난이나 화초를 사용해서 하객들이 집으로 가져가 화분에 옮겨 심어 키울 수 있게 한다. 뿐만 아니라 재생 용지에 콩기름으

대지를 위한 바느질의 비즈니스 프로필

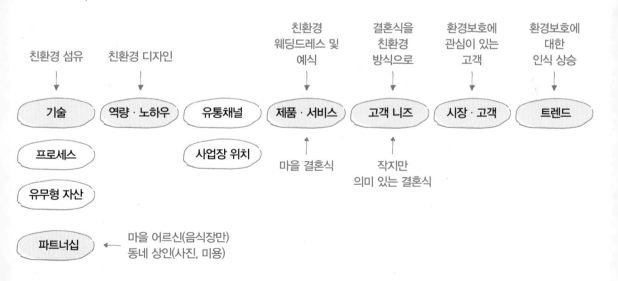

로 인쇄한 청첩장과 사진의 액자 등으로 재활용이 가능한 청첩장을 개발하기도 했고 예식장에서 사용한 천은 에코백으로 만들어서 나눠주고 있다.

지금 (주)대지를위한바느질은 결혼을 넘어서 영·유아용품, 친환경 군복, 제복, 병원복 등으로 사업을 계속 늘려나가고 있다.

2013년 (주)대지를위한바느질은 또 하나의 혁신을 이루어냈다. 바로 마을 결혼식이다. 이 결혼식은 마을의 어르신들이 요리를 하고, 주변 꽃집에서 부케를 만들며, 결혼식이 끝난 다음에는 인근 대학교 학생들이 설거지를 하는 방식이다.

이를 통해 결혼식으로 지출되는 비용은 지역주민에게 나누어지게 되는데, 그 이점은 매우 다면적 효과를 만들어내고 있다. 지역 상인을 위한 수익창출도 되고, 대형 프랜차이즈에 밀려 사라져가는 오래된 장인 가게도 살릴 수 있는 것이다. 지역 주민들 사이에 자연스럽게 형성되는 공동체 정신도 빼놓을 수 없는 이점이다.

이지무브

기술의 국산화로 장애인 보장구 가격 절감

고층 건물에 불이 난 경우 비상계단이나 완강기는 장애인들에게는 무용지물과 다름없다. 장애인들은 신체를 자유로이 움직일 수 없기 때문이다. 그런데 계단에 올려놓으면 미끄러지듯이 내려와서 장애인들도 쉽게 이용할 수 있는 피난 보조기기가 있다. 이를 개발해 보급한 주인공이 이지무브다.

이지무브는 장애인들이 혼자서도 쉽게 이동할 수 있는(Easy Move) 기구를 개발해 저렴한 가격으로 보급하고 있다. 이지무브는 생애주기에 따라 장애인 제품군을 확대해왔다. 장애아동을 위한 유모차형 휠체어, 성장기에 필요한 자세교정기구, 성인에게 적합한 전동 휠체어 등 나이대별로 맞춘 활동보조기구들이다.

이지무브는 경제 사정이 좋지 않은 장애인 당사자나 가족을 위해 기술 개발을 통한 가격인하에 최선을 다하고 있다. 이지무브가 개발한 장애아동용 유모차는 독일산의 반값도 되지 않으며, 전동기립 휠체어는 선진국 제품 가격의 3분의 1 수준에 지나지 않는다. 장애인 보장구는 대량 생산이 불가능한 제품임에도 끊임없는 연구개발로 300만 원 이상 하던 제품을 200만 원 이하로 보급하고 있다. 이를 위해 2011년에는 기업 부설 연구소를 설립했고, 이런 노력 덕분에 2015년에는 설립 이후 계속 적자였던 사업을 흑자로 전환하는 데 성공하기도 했다.

2010년 6월, 회사 설립 때 마중물을 부은 곳은 현대자동차 그룹이었

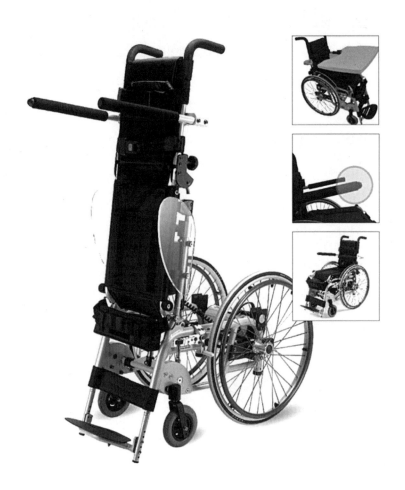

다. 현대차 그룹은 처음에 29억 1천만 원을 출자했는데, 출자 직후 자사 지분의 70퍼센트를 푸르메, 장애우인권문제연구소, 노인과복지 등 비영리 공익법인 열 곳에 기부했다. 이것은 전 세계 투자자들이 주주로 있는 기업에 사회적기업을 계열사로 편입하는 부담을 줄이기 위한 방안이었다. 이것은 혁신적 지배구조 또한 유망한 사회적기업이 탄생하는 밑거름이 될 수 있음을 보여주고 있다.

이지무브의 비즈니스 프로필

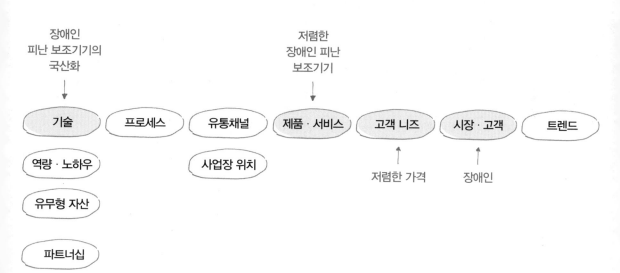

트래블러스맵

여행지 경제를 활성화하고 환경을 보호하는 공정여행

관광은 해당 지역 주민들의 일자리를 창출하고 소득을 증대시키는 좋은 일로 알려져 있다. 하지만 제3세계의 경우에는 사정이 전혀 다르다. 우리가 여행에서 쓰는 돈의 40퍼센트는 항공료로, 그리고 또 다른 20~30퍼센트는 숙박비와 먹고 마시고 쓰는 수입품을 들여오기 위해 다시 제1세계의 기업으로 흘러들어 간다. 그 대신 현지인들에게는 여행객으로 인한 쓰레기와 리조트나 골프장 건설 등으로 파괴된 환경과 생태계가 돌아갈 뿐이다. 유엔 세계관광기구에 따르면 세계 이산화탄소 배출량의 6퍼센트 이상이 오로지 여행 때문에 발생한다고 한다.

(주)트래블러스맵은 이런 문제를 해결하고자 지역에는 최선의 기여를, 여행자에게는 최고의 기회를, 자연에는 최소의 영향을 끼치는 공정여행을 기획하고 실행하는 회사다. 그리고 이를 위해 대규모 여행이 아닌 가족 단위의 소규모 여행으로 여행지의 환경을 해치지 않고, 여행지에서 쓰는 돈이 지역으로 돌아가며, 여행의 결과가 지역에 도움이 되는 원칙을 지켜나가고 있다.

그래서 지역 경제를 활성화하고 여행지를 충분히 경험할 수 있도록 지역 주민이 운영하는 숙박시설(민박, 게스트하우스)과 식당을 이용한다. 그리고 대규모 전세버스 대신 대중교통이나 자전거, 트래킹 등 저탄소 이동수단을 이용한다. 뿐만 아니라 커미션을 받는 쇼핑이나 옵션 프로 그램이 없다. 대신 현지의 재래시장을 방문한다.

하지만 이렇게 좋은 가치를 지닌 사업도 그 실행 과정은 가시밭길의 연속이었다. 현지 숙소부터 친환경 활동 등 모든 것을 공정여행의 원칙에 따라 새로 발굴하는 것은 결코 쉬운 일이 아니었던 것이다. 개발도상 국들은 화장실, 상수도 등 기본 시설이 갖추어져 있지 않은 경우가 많아

트래블러스맵의 비즈니스 프로필

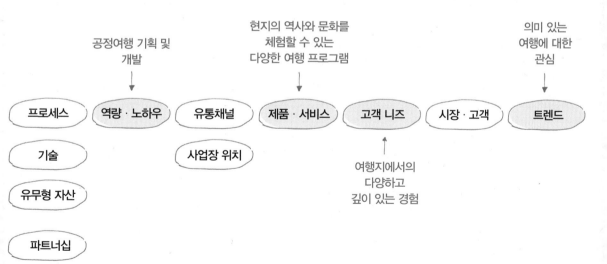

이들 시설을 새로 짓는 것은 물론 주민들에게 실시하는 가이드 교육에 이르기까지 마을 전체를 바꾸어야 했다. 트래블러스맵의 직원들은 이를 위해 6개월에서 1년, 길게는 3년까지 현지에 머물며 홈스테이 설비를 위한 지원뿐 아니라 주민 교육 등을 진행하면서 공정여행지들을 하나씩 늘려나갔다.

이렇게 힘든 일을 지속적으로 가능하게 한 건 지역 주민과의 협업이었다. 그리고 트래블러스맵은 여기서 한 걸음 더 나아가 지역민들이 트래블러스맵의 현지 회사를 직접 소유하고 운영할 수 있게 하면서, 주민의 자립도를 높이고 공정여행의 기반도 키워나가고 있다.

두레마을

혁신적 세차기술 통해 환경 보호하고 일자리 창출

(주)두레마을의 핵심기술은 초음파 공기 세차법인 '회오리' 기술이다. 물 입자를 에어건(air gun)으로 분사해 차체에 자극을 주지 않으면서도 틈새와 구석구석까지 찌든 먼지와 얼룩을 제거할 수 있도록 한다. 그리고 이 기술로 세차를 하면 중형차 한 대를 세차하는 데 물이 100밀

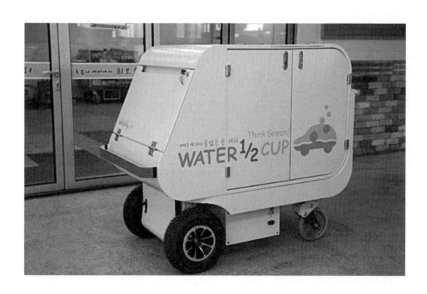

리미터밖에 들지 않는다. 물 한 컵으로 차 두 대를 세차하는 셈이다. 최소 100리터의 물이 쓰이는 일반 세차와 비교하면 사용되는 물의 양이 1,000분의 1로 절약되는 것이다. 그리고 폐수는 아예 나오지 않는다. 뿐만 아니라 차체에도 좋다. 스팀 세차처럼 열을 가하지 않으니 차체의 코팅막이 손상될 염려가 없는 것이다. 오히려 친환경 약품으로 차체에 코팅을 입혀준다.

뿐만 아니라 두레마을은 취약 계층이 적은 돈으로 세차장을 창업해서 스스로 일자리를 만들 수 있는 체제도 구축했다. 기존 출장 세차의 단점을 보완한 새로운 개념의 특장차를 개발하여 어디서든지 빠른 시간

두레마을의 비즈니스 프로필

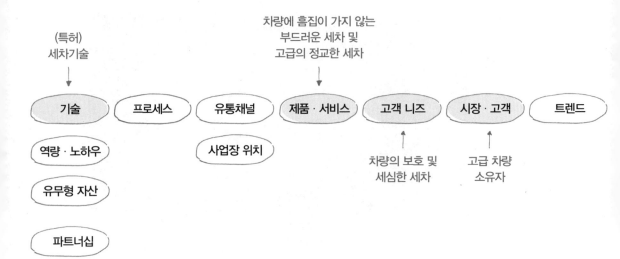

에 세차를 할 수 있도록 한 것이다.

회오리 세차장의 시설비는 약 2천만 원 수준이다. 그리고 간단한 수레(카트) 방식의 세차 설비는 700만 원을 넘지 않는다. 자동 세차의 시설비가 1억 5천만 원, 셀프 세차장의 시설비가 1억여 원, 손 세차장의 시설비가 7천만 원인 것에 비추어보면 아주 저렴한 수준이다. 또한 이 방식은 사용 유지비용이 적게 들어 더욱 높은 수익률을 기대할 수 있다. 그리고 물이 흐르지 않기 때문에 배수시설에 대한 허가에서 자유로워, 창업의 접근성이 높아진다는 장점까지 가지고 있다.

한편 두레마을은 창업 자금이 부족한 저소득층을 위한 대출도 지원하고 있다. 사단법인 한국 마이크로 크레디트 신나는조합과 제휴해, 월평균 소득이 전국 가구 평균의 60퍼센트 이하인 저소득층에 연 5.5퍼센트 고정 금리로 최대 500만 원까지 창업 자금을 지원해 주고 있다.

루멘러닝

일반에 공개된 자료와 교수들의 참여로 무료 대학교재 개발

미국에서 대학 교육을 받기 위해서는 매우 많은 비용이 필요하다. 등록금도 비싸지만 교재로 쓰이는 교과서의 가격도 매우 높다. 한 권에 100달러(약 10만 원)가 넘어가는 책들이 대부분이다. 미국 대학교육협의회(The College Board)의 조사에 따르면 학생들이 1년간 교과서의 구입을 위해 지불하는 금액은 1,200달러에 이르고 있다고 한다. 이 문제는 학생

들의 채무(학자금대출)가 늘어나는 중요한 원인이 되고 있는데, 특히 저소
득층 학생들에게는 엄청난 부담이 되고 있다.

또 한 가지의 문제점은 이렇게 값비싼 교과서들이 그 내용이 방대하
고 풍부함에도 불구하고 충분히 활용되지 못하고 있다는 사실이다. 교
과서의 내용이 한 가지로 통일되어 있어, 각 학교나 교수의 개별적 사정
을 반영할 수 없기 때문이다. 결국 비싼 가격에도 불구하고 충분히 활용
이 되지 못하고 있는 대학 교과서는 말 그대로 '낭비'의 주역이라는 비
난을 면하기 어려운 실정이다.

루멘러닝(Lumen Learning)은 이러한 문제를 OER(Open Educational
Resources) 방식을 통해 획기적으로 낮은 가격의 대학 교재를 개발, 보급
함으로써 해결해 나가고 있다.

교재의 제작은 각 대학 교수들의 자발적 참여로 이루어지는데, 콘텐
츠 구축을 위해서는 온·오프라인에 존재하는 다양한 공개 자료를 활용
한다. 여기에는 교과서뿐만 아니라 참고자료와 시험문제 그리고 과제
물도 포함된다. 이렇게 제작된 교재는 다음과 같은 다섯 가지의 원칙에
의해 사용된다.

- Reuse : 필요에 맞추어 다양한 방법으로 사용할 수 있다.
- Revise : 내용을 자유롭게 수정하고 보완할 수 있다.
- Remix : 다른 사람과의 협업을 통해 내용이나 형식을 재구성할 수
  있다.

• Redistribute : 다른 사람에게 배포할 수 있다.

• Retain : 계속해서 보관이 가능하다.

　루멘러닝은 위와 같은 방법을 통해 학생들이 지출하는 교재비를 2,500달러나 절약하는 효과를 가져왔다.

루멘러닝의 비즈니스 프로필

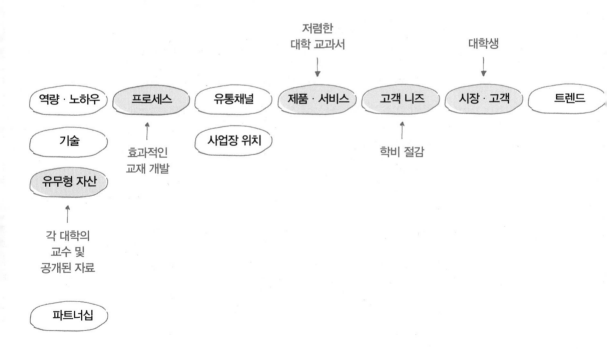

페어폰

폐기물의 발생을 원천적으로 줄여주는 진정한 스마트폰

스마트폰은 손 안에 쏙 들어갈 만큼 얇고 크기가 작다. 그런데 이 작은 상자 안에 최첨단 기술의 부품이 집약되어 있어 가장 비싼 전자제품 중의 하나다. 하지만 동시에 재활용 비율이 가장 낮은 전자제품이기도 하다. 냉장고나 TV 등에 비해 크기가 극히 작아서 쓰레기통에 쉽게 버릴 수 있기 때문이다.

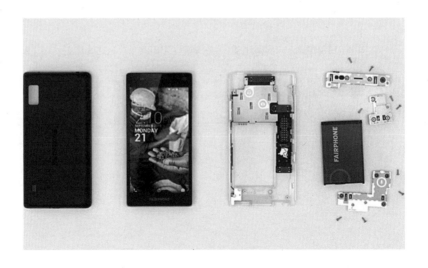

전 세계 스마트폰의 출하량이 연간 15억 대를 넘는 반면 평균 사용 기간은 18개월에 지나지 않는다는 점을 생각하면 그만큼 엄청난 규모의 자원이 폐기되고 있는 것이다. 우리나라만 해도 연간 2천만 대의 스마트폰이 폐기되고 있고 있다.

페어폰(Fairphone)은 이 문제에 대한 해결 방안을 스마트폰의 사용 기간을 늘리는 것에서 찾고 있다. 사용에 큰 문제가 없는 스마트폰을 몇 년 쓰지도 않고 버리는 데서 오는 낭비를 방지하고자 하는 것이다. 이를

페어폰의 비즈니스 프로필

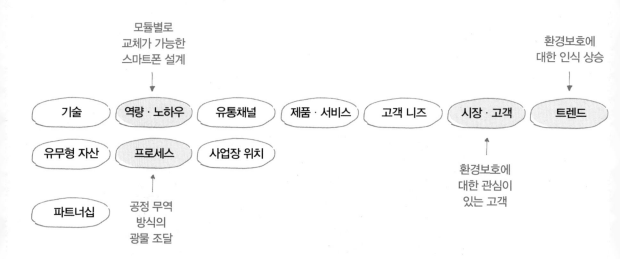

위해 페어폰은 모듈 방식의 제품을 개발했다. 액정 화면이나 배터리, 키패드 등 각 모듈에 문제가 생기거나 업그레이드가 필요하면 스마트폰 전체를 바꾸지(버리지) 않고 해당 모듈만 교체할 수 있도록 한 것이다. 그 결과는 스마트폰의 사용 기간이 4~5년으로 늘어나는 성과로 나타났다.

페어폰은 이러한 모듈 방식의 제품 개발에서 한 걸음 더 나아가 스마트폰의 생산과정도 개선하려는 노력을 하고 있다. 윤리적 소비뿐만 아니라 윤리적 생산까지를 실현하고자 하는 것이다. 핵심은 스마트폰의 생산에 들어가는 광물들을 공정무역을 통해 조달하는 방식에 있다. 이를 통해 광물의 채취 과정에서 벌어지는 아동착취나 위험한 작업환경에 의한 재해와 환경오염 문제 등을 해결해나가고 있다. 나아가 자신들뿐만 아니라 삼성전자나 애플 같은 회사들도 이렇게 조달된 원료를 사용하게 함으로써 자신들의 혁신 성과가 극대화되도록 노력하고 있다.

이와 같이 페어폰은 스마트폰의 생산과 소비가 연결된 전방위적 사회혁신의 플랫폼을 구축해나가고 있다.

3

새로운
전략 수단의 개발

새로운 시장을 발굴하든 새로운 제품을 개발하든 이의 사업화를 위해서
는 다양한 전략 수단들이 강구되어야 한다. 전략 수단이란 제품이나 서
비스의 생산과 판매를 위해 동원되는 모든 자원과 수단을 포함한다. 예
를 들면 고객 정보(빅데이터)를 활용한 맞춤형 서비스, SNS를 통해 고객
과 소통하면서 진행하는 홍보 전략 등이다.

따라서 이러한 전략 수단을 새롭게 개발하는 것도 중요한 혁신의 성과
에 해당한다. 다음이 그 예다.

① 유휴 자원(인력, 설비, 정보)의 활용

② 새로운 판매채널의 확보

③ 새로운 홍보 방법의 적용

④ 외부와의 파트너십의 구축

홀푸드마켓

지역 농민과 회사 모두에 이익이 되는 협업 구조 구축

　홀푸드마켓(Whole Foods Market)은 유기농 채소와 유제품 등을 판매하는 식품유통 체인이다. 1978년에 설립되어 현재는 미국과 영국, 캐나다에 1,000개가 넘는 점포를 운영하고 있으며 매출이 10조 원에 육박하는 성공적인 기업이다. 2017년에는 세계 최대 전자상거래 기업인 아마

존에 인수되어 더욱 적극적으로 사업을 확대해 나가고 있다.

최근 이 회사는 점차 수요가 늘고 있는 지역 농산물(Local Foods)에 주목을 하고 구매를 늘려나갔는데, 상품 구매를 본사에서 집중적으로 하는 방식 대신 지역 점포들이 해당 지역의 농부들로부터 상품을 직접 구매하는 쪽으로 전환을 시도했다. 그런데 이 과정에서 지역 농부들의 영세성이 문제로 대두되었다. 규모가 작고 재배하는 작물의 종류가 적어서 충분한 상품을 공급받기가 힘든 상황이었던 것이다.

홀푸드마켓은 이 문제를 해결하기 위해 지역 농부들을 위한 과감한

홀푸드마켓의 비즈니스 프로필

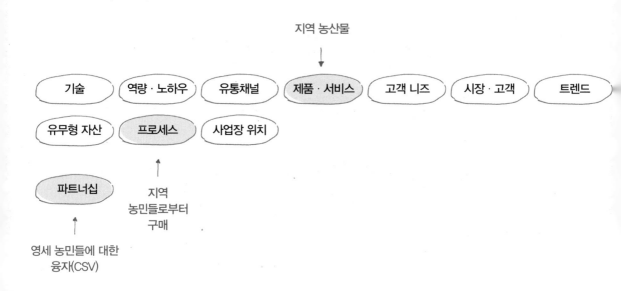

융자제도(LPLP; Local Producer Loan Program)를 통해 2천5백만 달러가 넘는 금액을 대출해주었다. 은행이 대출을 꺼려하는 영세 농민들에게 낮은 이자율(연평균 5%)로 자금을 지원한 것이다. 융자 금액의 규모는 1만 달러에서 10만 달러 사이로 유지되었는데, 이 프로그램의 또 다른 특징은 대출금의 사용 목적을 기존 작물의 생산량을 늘리거나 새로운 작물의 재배를 시작하는 것으로 한정했다는 점이다.

그 결과 회사는 안정적인 상품의 공급을 확보할 수 있었고, 지역 농부들은 사업의 규모를 키우는 상호 호혜적인 성공을 이룰 수 있었다.

이것은 기업이 수익을 창출한 뒤에 사회공헌 활동을 하는 것이 아니라, 기업 활동 자체가 사회적 가치를 창출하는 기업 공유가치 창출(CSV; Creating Shared Value)의 훌륭한 사례라고 할 수 있다.

스토니필드팜

재활용 포장 용기에 담긴 유기농 요구르트

1983년에 사업을 시작한 스토니필드팜(Stonyfield Farm)은 유기농 우유를 원료로 요구르트를 만드는 회사다. 지역 농부들에게 유기농법을 가르치는 학교로 시작된 이 회사는 원료뿐만 아니라 생산과 운송의 전 과정을 친환경으로 구성하여 탄소 중립(Zero carbon footprint)을 실현하고 있다. 예를 들어 요구르트를 담는 용기는 옥수수 전분에서 추출한 원료로 만든 친환경 수지인 PLA(Poly Lactic Acid)로 만들어진다.

그런데 회사가 처음 이런 정책을 시도했을 때 회사 안팎으로는 회의

론이 지배적이었다. 원가만 올라갈 뿐 고객들은 반응을 보이지 않을 것이고, 따라서 매출에도 도움이 되지 않을 것이라는 것이었다. 하지만 결과는 우려했던 바와 정반대였다. 과거 20년간 산업 전체가 연평균 5퍼센트대의 성장에 머문 반면, 이 회사는 30퍼센트에 이르는 성장률 달성한 것이다. 그 결과 단 일곱 마리의 젖소로 시작된 사업이 이제는 미국 전체 시장의 4퍼센트를 차지할 만큼 큰 규모로 성장했다.

이와 같은 성공에는 효과적인 홍보정책이 큰 역할을 했다. 앞의 사진에서 보는 것처럼 이 회사는 제품의 뚜껑과 포장에 친환경 생활을 권유하는 홍보 메시지를 실었는데, 고객들의 열광적인 호응을 얻었던 것이다.

"여러분이 이 요구르트를 먹는 짧은 시간 동안 10에이커에 해당하는 미국의 농장이 개발에 의해 사라지고 있습니다."

스토니필드팜은 그들의 사명선언문(Mission Statement)을 토대로 다음과 같이 다섯 가지 영역의 성과지표를 관리함으로써 그들의 비전을 더욱 확고히 실현해나가고 있다.

- 환경보호
- 가족농장 및 유기농법 보호
- 제품품질 향상
- 직원복지 향상
- 주주 및 은행을 위한 적정 이윤 확보

스토니필드팜의 비즈니스 프로필

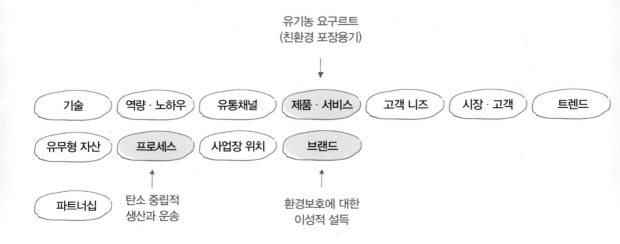

새순유통영농조합

홈쇼핑 통해 고구마 대량 판매 성공

해남은 고구마 산지로 유명하다. 1200여 헥타르의 황토밭에서 고구마가 재배되고 있으며 총생산량은 2만 5,000톤에 이르러 우리나라 전국 고구마 생산량의 12퍼센트를 차지하고 있다.

해남에 위치한 새순유통영농조합의 김종광 대표는 원래 잘나가던 농협 직원이었다. 그는 농협에서 근무하던 15년의 기간 중 10년을 고구마 판매 부서에서 일하면서 고구마의 판로 확대를 위해 노력해 왔다.

생각이 유별났던 그는 새로운 판로가 보이면 일단 뛰어들곤 했다. 인터넷 쇼핑몰로 고구마를 팔 때는 모두가 의심의 눈길로 쳐다보았지만, 결국 엄청나게 많은 판매량을 올리는 성과를 거두어냈다.

이 성공에 자신감을 얻은 김 대표는 TV 홈쇼핑으로도 눈을 돌렸

새순유통영농조합의 비즈니스 프로필

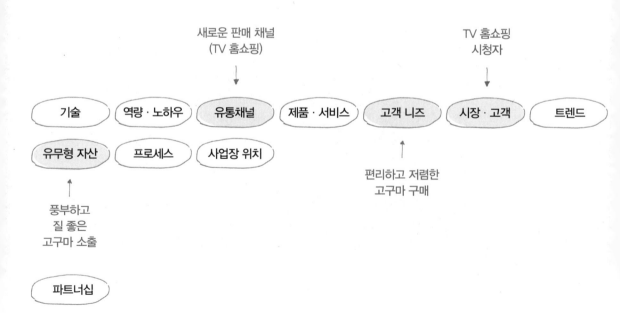

고, 고구마와 사업 제안서를 들고 서울의 홈쇼핑 MD(상품기획 담당자 Merchandiser)를 찾았다. 이 또한 전례가 없던 일이라 쉽지가 않았지만 서울과 해남을 오가는 끈질긴 설득으로 결국 고구마 판매 시간을 따낼 수 있었다. 이렇게 노력한 끝에 홈쇼핑 첫 방송에서 3,500박스 판매를 시작으로 8회의 방송을 통해 3만 1,900박스를 판매해 9억 2,191만 원의 수입을 올렸다.

지금은 5개 주요 홈쇼핑에서 해남 고구마를 판매하고 있으며, 주요 도시의 중소규모 마트를 통해서도 판매되고 있다. 이런 결과로 연간 총 판매량은 2,000톤을 넘어서고 있다.

한편 해남은 지역 기업들의 공동참여로 이루어진 해남고구마식품주식회사를 설립하여 고구마 관련 사업의 지속적 성장을 꾀하고 있다. 상품 측면에서는 떡류, 식자재, 중간제품 등 세 종류의 상품을 개발하고, 유통 측면에서 식자재류는 에버랜드 등 대기업 식품 공급업체와 전남지역 학교 등에 납품하고 떡류는 대형할인점이나 백화점, 홈쇼핑 및 인터넷 쇼핑몰을 통해 판매하는 사업을 추진하고 있다.

부래미마을

시골 자연 환경을 활용해 소득 증대 구현

부래미마을은 경기도 이천에 있는 조그마한 시골 마을이다. 수도권에 속해 있으면서도 인공적인 개발의 손길이 닿지 않아 옛 농촌의 모습이 잘 보존되어 있다. 마을 주위를 감싸고 있는 아름다운 산과 마을 입구의 동그란 저수지는 아늑하고 포근함을 더해준다.

그런데 이 마을도 10여 년 전까지는 여느 농촌과 다를 바 없는 전형적인 시골 마을이었다. 특별한 자원이 있는 것도 아니었고 농민들의 대부분이 벼농사를 짓고 있던 터라 소득이 좋은 편도 아니었던 것이다. 하지만 지금은 농촌 체험으로 특화된 독특한 시골마을이 되었다. 주민이 70여 명에 불과한 작은 마을이지만, 수확철이 되면 평일에는 200여 명, 주말에는 300여 명의 사람들이 농촌체험을 하러 오고 있다.

시작은 2002년에 '부래미'라는 마을의 지명을 상표로 등록한 것이 계기가 되었다. 자신들이 생산한 농산물을 브랜드화해서 판매하면 좀 더 잘 팔릴 것이라 생각한 것이다. 이 생각은 여기에서 한 걸음 더 나아갔는데, 도시 사람들을 마을로 불러 모아 농산물을 직접 경작하고 수확하는 농촌체험을 하게 하면 자신들의 농산물을 더 잘 알릴 수 있을 것이라는 생각에 이르게 되었던 것이다. 체험 코스는 다음과 같이 구성을 했다.

- 1코스 : 철마다 나는 농산물 수확하기. 딸기, 감자, 복숭아, 배, 고구마, 벼 등을 직접 따거나 수확하는 체험을 한다(때로는 모내기 등 농작물을 심는 체험도 한다).
- 2코스 : 인절미를 직접 만들어 시식하기. 방문자들이 떡메로 떡을 치고 잘라서 콩고물을 입혀 먹기도 하고 집에 싸가지고 가기도 한다.
- 3코스 : 짚공예품을 마을 노인들의 지도 아래 직접 만들어 본다.

이 농사체험 프로그램 덕분에 주민들에게는 농가소득 이외에 추가로

소득을 올릴 수 있는 다양한 기회가 생겨났다. 농사체험을 통한 수익이 대표적이며, 민박이나 공동식당, 공동숙소 등을 통해서도 수익이 발생하고 있는 것이다. 주민들은 누구나 일을 분담하고 그 수입을 나누는데, 한 가구당 농사체험 프로그램으로 얻는 수입이 연평균 500만 원을 넘는다고 한다.

부래미마을 비즈니스 프로필

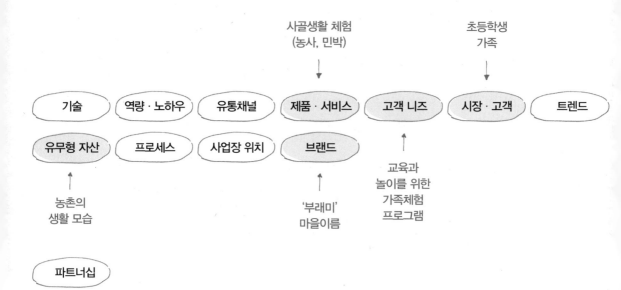

동천

장애인의 강점인 집중력을 활용해 고부가가치 제품 생산

동천은 장애인 일자리 창출을 위해 만들어진 사회적기업이다. 1993년 장애인 특수학교인 동천학교의 졸업생들에게 일자리를 마련해주기 위해 재봉교육을 시킨 것이 오늘날 '동천'의 모태다.

동천은 처음에는 이불과 쿠션, 앞치마 등을 만들었다. 그러던 중 보다 부가가치가 높은 품목을 모색하게 되었는데, 이를 위해 이불과 의류에

서 모자로 주력 상품을 바꾸게 되었다.

겉으로 드러난 생산량으로 보면 동천 직원들의 생산성은 비장애인의 3분의 1에 불과하다. 그러나 제품에 대한 애착과 일에 대한 열의, 그리고 집중도는 비장애인보다 훨씬 더 높아 세계 최고 수준의 모자를 만들어내고 있다.

일본 바이어 중 한 사람이 불량 쪽에 놓여 있던 모자 몇 개가 정상으로 보여 이를 합격으로 '승격'시키자 동천의 작업자가 다시 그 모자를 원래의 불량 쪽으로 돌려놓으면서 "이건 분명 '잘못된 모자'이고 내 일

동천의 비즈니스 프로필

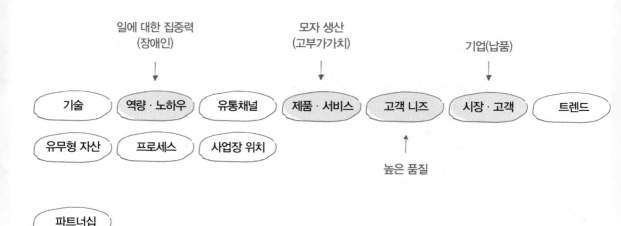

이니 참견하지 말라"고 일침을 가했다는 유명한 일화가 있을 정도다. 이러한 자신감을 바탕으로 동천은 오히려 장애인 고용 업체임을 숨기고 영업한다. 동정이 아니라 품질에 의해 동천 모자가 선택되어야 한다는 생각에서다.

하지만 동천 직원들의 품질에 대한 고집은 일반 기업은 겪지 않아도 되는 또 다른 문제를 만들어내고 있다. 바로 낮은 생산성이다. 그렇다고 임금을 깎을 수는 없다. 장애인이라 할지라도 비장애인과 동일한 욕구를 가지고 있음을 잘 알기 때문이다.

그래서 동천은 2008년에 재생 카트리지로 사업을 확장해 매출 증대를 꾀했다. 그리고 지금까지 뉴발란스, EXR, 컨버스, 라피도 등 유명 스포츠 회사의 주문을 받아 ODM 방식으로 제품을 생산해 왔는데, 보다 수익성이 높은 자체 브랜드로 직접 시장을 공략하는 방안을 모색하고 있다.

프리우스

인간 본성에 대한 통찰로 친환경 자동차 대량 판매

하이브리드 자동차는 동급의 다른 자동차에 비해 20퍼센트 이상 가격이 비싸다. 절감되는 연료비를 계산해보더라도 하이브리드 자동차는 여전히 부담이 크다. 환경보호라고 하는 사회적 가치에 동의를 하더라도 개인이 부담하기에는 그 경제적 대가가 너무 큰 것이다.

그런데 1997년 세계 최초로 하이브리드 자동차를 개발한 토요타

(Toyota)는 자신들이 만든 제품인 프리우스(Prius)의 디자인을 독특하게 바꿈으로써 이 문제를 해결했다. 즉, 멀리서 보더라도 쉽게 알아볼 수 있는 독특한 외관을 만들어냄으로써 차량의 소유자가 환경보호에 앞장서는 깨어 있는 시민이라는 것을, 그것도 본인이 직접 말을 하지 않고도 효과적으로 표현할 수 있도록 한 것이다. 이것은 스스로를 돋보이게 하려고 하는 사람들의 본성을 환경보호에 활용한 탁월한 혁신 사례라고 할 수 있다.

이렇게 프리우스의 디자인은 차량의 뒷부분이 절벽처럼 깎여 있어 기존의 유선형 차량과는 다른 매우 독특한 모양을 하고 있는데, 이 때문

프리우스의 비즈니스 프로필

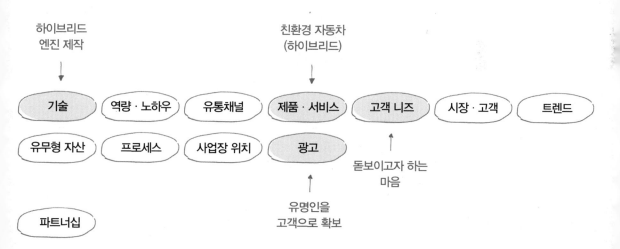

에 많은 사람들이 프리우스를 주차할 때는 다른 차들과 반대 방향으로 차를 세우고는 한다.

특히 대중의 인기를 얻어야 하는 연예인들이 많이 사는 베벌리힐스에서 그런 경우를 자주 볼 수 있는데, 이들은 대중의 평가에 특히 민감하기 때문이다. 따라서 프리우스가 이들을 타깃 고객으로 삼음으로써 효과적인 시장 확대를 꾀했던 것은 매우 영리한 전략이었다. 이 덕분에 프리우스는 할리우드가 위치하고 있는 캘리포니아 주에서 가장 많이 팔린 자동차로 선정되기도 했다.

이렇게 해서 세계 최초의 양산형 하이브리드카인 프리우스는 친환경차의 대명사로 자리매김할 수 있게 되었다. 그리고 전 세계의 어떤 자동차 제조사도 달성하지 못한 하이브리드카 누적판매 1,000만 대(시장점유율 80%) 돌파와 7,700만 톤에 달하는 이산화탄소 배출 억제 효과를 달성했다.

올아워킨

아이 돌봄을 전문가의 일로 격상

아이 돌봄은 아이를 맡고 있는 짧은 시간 동안만의 일이 아니다. 그리고 그 책임의 범위는 아이의 안전과 건강을 돌보는 것에 국한되지 않는다. 오히려 아이의 정서와 두뇌 발달을 좌우하는 매우 중요한 일이라고 할 수 있다. 왜냐하면 아이는 매순간 잠시도 멈추지 않고 주변을 탐색하면서 배움을 계속하기 때문이다. 따라서 아이 돌봄은 한 사람의 인생을 좌우한다고 해도 과언이 아니다.

하지만 현실에서 아이 돌봄은 그렇게까지 중요한 일로 받아들여지지 않는다. 더구나 아이 돌봄 일을 아이의 정서적, 인지적 발달을 책임지는

전문가의 일로 인식하는 경우는 매우 드물다. 아이 돌봄 일은 많은 경험이나 지식이 없이도 누구나 쉽게 할 수 있는 부업거리 정도로 여겨지고 있는 것이 현실인 것이다.

올아워킨(All Our Kin)은 이러한 문제에 주목하여 아이 돌봄 일의 위상을 교사와 같은 전문 직업으로 끌어올리고 있다. 아이 돌봄을 담당하는 돌보미(베이비시터)들이 자신의 일에 대해 가지는 스스로의 인식뿐만 아니라 이들에 대한 사회적 인식까지를 바꾸어나가고 있는 것이다.

이를 위해 올아워킨은 아이 돌보미들이 전문성을 갖추는 데 필요한 교육을 제공하고 아이 돌봄에 사용할 수 있는 다양한 교재와 도구들도

함께 공급하고 있다. 뿐만 아니라 이들을 정책의 결정과정에도 참여시
킴으로써 자부심을 고양시킴과 동시에 아이 돌봄에 관한 정부정책의 실
효성도 높여 나가고 있다.

　그 결과 아이들에게는 보다 질 높은 돌봄 서비스를 가능하게 하고 아
이 돌보미들에게는 자부심과 함께 높은 소득을 가져다주고 있다. 올아
워킨과 함께하는 아이 돌보미들의 75퍼센트가 첫해부터 연 5,000달러
이상 소득이 증대되었으며, 아이 돌봄의 퀄리티도 50퍼센트나 더 높은

올아워킨의 비즈니스 프로필

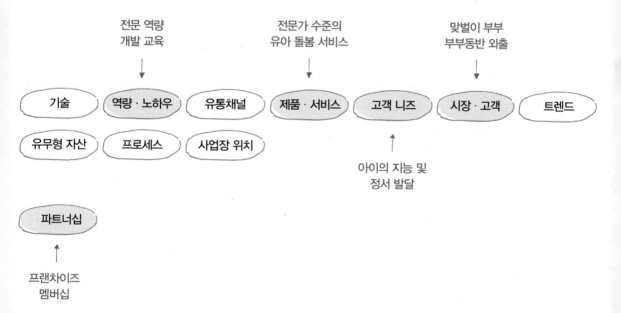

것으로 나타났다.

  미국의 코네티컷 주에서 시작된 올아워킨 모델은 이제 뉴욕 주를 포
함한 미국의 다른 지역으로도 확산되고 있다.

실행 프로세스와 성공 원리

1

실행
프로세스

사회적 경제를 위한 혁신 프로세스를 정리해보면 다음과 같다.

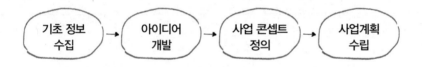

기초 정보 수집

아르키메데스가 목욕을 하던 중에 (왕관에 든 순금의 비율을 알아내고) "유레카!"를 외칠 수 있었던 것은 결코 우연한 발견이 아니었다. 우리는 아르키메데스가 그리스의 저명한 물리학자였음을 곧잘 잊곤 한다. 그는 당대 최고의 전문가로서 왕의 명령을 받고 실패를 하면 사형에 처할 위험에 직면하여 절박하게 탐구를 하고 있었던 것이다.

이렇듯 "無 또는 空 + 창의성 = 아이디어"는 잘못된 생각이다. 머리가 깨끗이 빈 상태에서 창의적 아이디어가 벼락같이 떠오르는 것은 아니라는 의미다.

가치 있는 아이디어를 발굴하기 위해서는 해당 분야에 대한 정보와 지식이 충분히 확보되어 있어야 한다. 사업적 아이디어를 발굴해야 하는 경우에는 정보와 지식의 중요성이 더욱 큰데, 이것은 기술뿐만 아니라 고객에 대해서도 이해가 필요하며 경쟁에 이길 수 있는 방안도 고려를 해야 하기 때문이다.

아이디어 개발

혁신의 초기 단계에서부터 사업적 가치가 큰 아이디어를 쉽게 발굴할 수 있는 경우는 거의 없다. 이것은 혁신이 아주 작은 아이디어로부터 시작되어 점차 구체적인 제품이나 사업계획으로 발전되어가야 함을 의미한다. 공전의 히트를 기록한 스팀 청소기도 창업자(한경희생활과학 한경희 대표)가 집안일을 하던 중 엎드려서 걸레질을 할 때 느낀 불편함에서 시작되었다. 이후 이 아이디어가 구체적인 제품으로 완성되기까지는 3년이라는 긴 시간이 소요되었다.

천리 길도 한 걸음부터고 혁신의 먼 길도 작은 아이디어로부터 시작된다. 이 작은 아이디어는 아이디어 조각(Idea Fragment)으로 불린다.

한편, 아이디어 개발 단계에서 제안된 여러 아이디어들은 서로 내용이 조금씩 다르면서 동시에 공통점을 가진 경우가 많다. 이런 때는 공통점을 가진 아이디어들을 하나의 유형(Idea Cluster)으로 묶어볼 필요가 있다.

예를 들면 전자제품 회사의 경우, 어떤 사람은 스마트폰의 애플리케이션을 통해서 제품의 사용방법이나 문제해결 방법을 알려주는 서비스를 생각해 낼 수 있다. 또 다른 사람은 제품의 사용이 끝난 후 폐기하려고 하는 제품을 무료로 수거해주는 서비스를 제안할 수 있다. 이 두 아이디어는 얼핏 보면 서로 관계가 없는 것처럼 보인다. 하지만 좀 더 깊이 생각해 보면 '고객서비스'라는 하나의 큰 카테고리로 묶어볼 수 있다. 이렇게 작은 아이디어들이 큰 카테고리로 묶어지게 되면 추가적인 아이디어를 더욱 효과적으로 만들어낼 수 있게 된다.

사업 콘셉트 정의

만들어지고 다듬어진 아이디어가 사업화로 결실을 맺기 위해서는, 사업을 실제로 운영하는 데 필요한 핵심 요소들이 명확히 정의되어야 한다. 이를 제품 콘셉트(Product Concept)에 대응하여 사업 콘셉트(Business Concept)라고 부르며, 그 핵심 구성요소는 다음과 같다.

- 타깃 고객 : 누구한테 팔 것인가
- 고객 니즈 : 고객의 어떤 필요를 충족시킬 것인가
- 제품/서비스 : 구체적으로 어떤 제품이나 서비스를 제공할 것인가
- 판매 채널 : 어디에서 팔 것인가
- 생산 및 조달 : 제품이나 서비스를 어떻게 생산 또는 조달할 것인가

사업 콘셉트를 여성 전용 에너지 드링크를 예로 들어 설명하면 다음과 같다.

- 타깃 고객 : 아이가 있는 기혼 여성들이
- 고객 니즈 : 편리한 에너지 재충전을 위해서
- 제품 : 우아한 디자인의 캔 음료수
- 판매 채널 : 편의점이나 자동판매기에서 편리하게 사 마실 수 있게 한다

사업계획 수립

사업 개념의 정의가 완료되면, 이를 실행에 옮기기 위한 구체적인 계획이 수립되어야 한다. 사업 개념까지의 단계에서 중요한 것이 창의적 아이디어였다면, 사업계획의 단계에서는 전략적 판단이 중요해진다.

그런데 사업계획의 수립을 위해 우선적으로 해야 할 일이 있다. 다음 두 가지를 확인하는 것이다. 그리고 그 결과에 따라 상황에 맞는 계획이 수립되어야 한다.

- 필요한 기술이 개발되어 있는가
- 충분한 규모의 시장이 존재하는가

상황에 적합한 실행 계획의 수립에 필요한 의사결정의 과정은 다음과

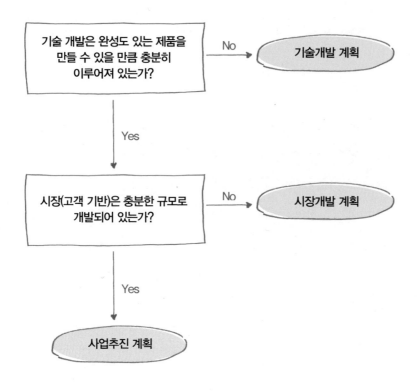

같다.

필요한 기술의 개발 정도, 즉 기술의 성숙도가 중요한 이유는 완제품의 품질과 경제성 때문이다. 그리고 이중에서 보다 중요한 것은 경제성이라고 할 수 있다. 많은 기업들이 바로 이 경제성에 대한 판단을 잘못해서 (대체로 너무 낙관적으로) 엄청난 손실을 초래하고 있는데, 지금 현재 그린 비즈니스(Green Business)의 영역에 속하는 대부분의 사업들, 즉 태양광발전, 전기 차, 쓰레기를 이용한 재생에너지 등이 이런 상황에 놓여 있다고 할 수 있다.

이들은 모두 기존의 제품·서비스를 큰 변화 없이 대체하는 것이기 때문에 수요 기반은 존재한다고 볼 수 있지만, 기술의 개발 정도가 아직 경제성을 확보할 수 있는 수준에 이르지 못하여 사업이 활성화되지 못하고 있다. 따라서 이런 경우에는 사업의 본격적인 전개에 앞서 경제성 있는 기술 개발이 우선되어야 한다.

상황별로 적합한 계획의 종류를 요약하면 다음과 같다.

- 사업개발 계획 : 기술과 시장, 두 가지 조건이 모두 갖추어진 경우
- 기술개발 계획 : 필요한 기술의 개발이 이루어져 있지 않은 경우
- 시장개발 계획 : 시장이 미성숙한 경우

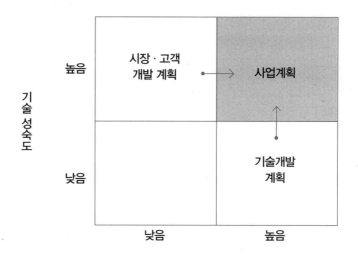

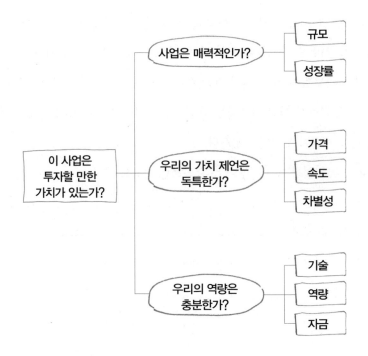

한편, 혁신의 결과로 수립되는 사업전략 계획은 일반적인 경우의 사업 전략 계획과 큰 차이점이 없다. 따라서 위와 같은 사항들을 중점적으로 확인할 필요가 있다.

2

성공 원리

━━━━━━━━━

앞에서 설명한 혁신 프로세스를 단순히 실행한다고 해서 목표로 하는 성과가 달성되는 것은 아니다. 레시피가 있어도 음식의 조리 과정에 요리사의 노하우가 더해져야 하듯, 프로세스의 실행에도 원리가 필요하다. 사회적 경제 영역의 기업이 준수해야 할 성공 원리는 다음과 같다.

사회적 가치를 고객 가치로 전환한다

사회적 가치는 자칫 잘못하면 개별 고객의 구체적인 니즈를 간과하게 만드는 결과를 가져올 수 있다. 왜냐하면 사회적 가치를 시장의 보편적 가치로 간주해버릴 수 있기 때문이다.

우선 사회적 가치는 일반적인 고객 가치에 반하는 경우가 대부분이다. 소비의 영역에서 사회적 가치가 지향하는 건강함과 건전함은 대부분의 고객들에게 익숙한 말초적 자극과 과시적 소비와는 반대 방향을 가리키고 있다. 또한 현실의 고객은 각각 경제적 능력도 다르고 소비의 우선순

위도 다르다. 특정 제품이나 서비스에 대한 니즈를 가지고 있다 하더라도, 편이성이나 기능 그리고 디자인 등에 대한 기호가 다른 것이다.

따라서 사회적 가치를 어떻게 고객 가치로 전환할 수 있을 것인가, 사회적 가치에 어떤 고객 가치를 더할 수 있을 것인가에 대한 방안 마련이 필수적이라고 할 수 있다.

고객 니즈(Needs)에 집중한다

필요는 발명의 어머니일 뿐만 아니라 모든 혁신의 출발점이다. 아무리 혁신적이고 기발한 상품이라 할지라도 자신이 필요로 하지 않는 것을 돈 주고 사는 사람은 없기 때문이다. 이것은 창의성이 아니라 고객의 필요가 혁신의 핵심이라는 것과도 맥을 같이한다.

그렇다면 고객 니즈를 파악할 수 있는 가장 효과적인 방법은 무엇일까? 가장 먼저 해야 할 일은 고객 니즈의 유형을 기능적 니즈와 감성적 니즈로 구분하는 것이다. 편리함, 내구성, 경제성과 같은 기능적 니즈는 사용자들이 가지고 있는 특정한 목적을 달성하는 데 도움을 준다. 반면 친밀감, 생동감, 열정과 같은 감성적 니즈는 사람들이 삶 속에서 느끼고 싶어 하는 정서적 니즈를 충족시켜준다.

그 다음은 고객 니즈를 하나하나 상세히 파악하는 것이다. 이것은 소비가 이루어지는 맥락을 육하원칙에 의해 체계적으로 분석함으로써 가능해진다. 어떤 사안을 가장 정교하고 체계적으로 파악할 수 있는 방법이 바로 육하원칙이기 때문이다.

- 용도 : 같은 종류의 제품이라 할지라도 사용 목적에 따라 구체적인 고객 니즈는 바뀐다. 김치 냉장고를 예로 들 수 있다.
- 시간 : 사용 시간에 따른 고객 니즈가 있다. 밤에만 여는 야시장, 바쁜 직장인들을 위한 아침 강좌 등이다.
- 장소 : 장소가 바뀜에 따라 생겨나는 고객 니즈가 있다. 차 안에서 사용하는 소형 공기청정기, 비행기 안에서 사용하는 무소음 헤드셋 등이 있다.
- 방법 : 사용상의 편리함을 추구하는 고객 니즈가 있다. 이동이 간편한 주전자형 정수기나 만년필 모양으로 생긴 인슐린 주사제가 대표적인 경우다.

차별화한다

요즘처럼 다양한 제품과 서비스가 넘쳐나고 경쟁이 무한 강도로 이루어지는 상황에서 차별화는 피할 수 없는 원칙이 되었다. 경제학의 제1원칙이 수요와 공급의 원칙이라면, 경영학의 제1원칙은 차별화라고 할 수 있다. 수요와 공급에 의해 가격이 결정되듯이 차별화의 정도에 따라 시장에서의 생존 가능성이 결정되기 때문이다.

차별화의 필요성에 대해서는 다음과 같이 간단한 예를 통해 생각해볼 수 있다. 여러분 역시 비누나 치약 같은 단순한 제품을 구매하는 경우에도 나름대로의 기준을 적용해서 여러 제품을 비교한 뒤에 최종적인 선택을 할 것이다. 이것은 여러분이 무엇을 파는 경우에도 당연히 적용되는 원리다. 즉 여러분의 고객은 여러 가지 상품을 비교한 후에 자신의 마음에 드는 경우라야만 여러분의 상품을 선택할 것이기 때문이다.

한편, 차별화는 비즈니스 프로파일의 모든 영역에서 가능하며, 가능한 경우의 수는 혁신의 가능성만큼이나 무궁무진하다고 할 수 있다. 다만 한 가지 유의할 점은 차별화의 내용이 고객에게 의미 있는 것, 즉 고객이 가치 있는 것으로 인정하는 것이어야 한다는 점이다.

전문 역량을 갖춘다

차별화를 이루어내고 경쟁에 이기기 위해서는 탁월한 수준의 전문 역량(기술이나 노하우)이 뒷받침되어야 한다. 핵심 역량은 차별화와 함께 사업 성공의 가장 중요한 두 가지 원칙이라고도 할 수 있다.

전문 역량은 현재 진행하고 있는 사업의 성공뿐만 아니라 지속적 성장을 위한 발판이기도 하다. 프랑스의 유제품 회사인 다농(Danone)이 미국 소비자들의 아침식사가 부실하다는 것에 대한 통찰(고객통찰 Customer Insight)을 기반으로 주로 간식거리로 소비되던 요구르트와 비스킷을 아침 식사용으로 판매함으로써 매출을 극적으로 성장시킨 것을 예로 들 수 있다.

또한 그 역량은 변화하는 환경에 맞추어 발전해 나가야 한다. 혁신도 모방을 당하게 마련이다. 그리고 특허 등록을 했다고 할지라도 완전한 보호를 받는 것은 불가능하다. 그러니 역량을 계속 발전시켜 나가는 것이 필수적이다. 게임보이에서 시작해서 닌텐도 DS와 닌텐도 위(wii)로 그리고 최근의 포켓몬 고에 이르기까지, 소니의 플레이스테이션과 스마트폰 게임이라는 강력한 경쟁을 이겨내면서 성장을 계속한 닌텐도는 훌륭한 본보기다.

이와는 대조적으로 한때는 핸드폰(피처폰) 시대의 총아로 각광받았으나 스마트폰의 등장에 효과적으로 대응하지 못해 역사의 뒤안길로 사라진 모토롤라와 노키아는 반면교사라고 할 수 있다.

PART
2

———

사회적 진보

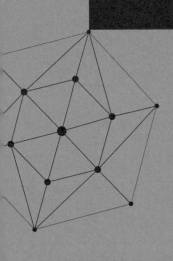

SECTION 1

사회적 진보 영역에 대한 이해

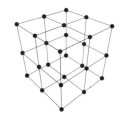

사회적 진보 영역의 기업은 소비를 목적으로 하는 제품이나 서비스를 판매하는 것이 주목적이 아니라, 사회 문제를 해결하거나 사회적으로 바람직한 가치를 증진하는 것이 사업의 우선인 경우다. 그렇다면 이들 사업은 재원의 마련을 어떻게 할까? 이들은 경제활동이 사업의 주가 아니기 때문에 개인이나 기업의 후원, 그리고 정부의 지원에 의존하는 부분이 많을 수밖에 없다.

이를 우리가 살고 있는 사회의 세부적 구성에 대응시켜보면 다음 그림의 회색 부분에 해당한다. 그리고 구체적인 과제의 측면에서는 다음과 같다.

- 친환경(폐자원 처리 및 재활용)
- 생태(도시 농업)
- 공동체적 삶
- 대기 질 개선

사회적 경제 부분에서도 언급한 것처럼 이렇게 우리 사회의 구성적 맥락을 살펴보는 이유는, 개인이나 기업 그리고 정부가 아닌 제3섹터가 주된 활동을 하고 또 가치를 창출해야 하는 영역을 명확히 분별하기 위해서다. 또한 사회적 가치의 창출 여부를 정확하게 판단할 수 있게 함으로써 자원 투입의 효율성을 제고하는 효과도 있다.

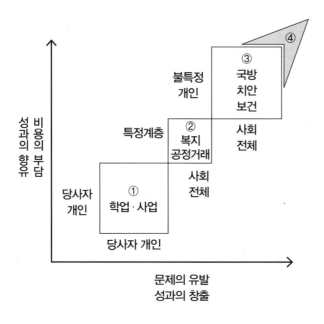

위 그림은 우리 사회를 문제 유발의 주체에 대비해 그 문제에 따른 비용을 지불하는 주체, 또는 어떤 일에 대한 노력의 주체에 대비해 그 과실을 향유하는 주체를 기준으로 구분해본 것이다. 각 세부 영역의 의미는 다음과 같다.

① 학업·사업

각 개인의 책임으로 문제가 발생하며 그로 인한 피해의 책임도 당사자 개인이 지는 영역이다.

② 복지·공정거래

특정의 개인이 유발하는 문제가 아니며, 그 결과에 대해서도 개인이 책임을 질 수 없는 경우다.

③ 국방·치안·보건

특정 개인이 아니라 사회 시스템의 불완전성에 의해 발생하는 문제이지만, 문제가 발생하는 경우 그 피해가 사회 전체에 무작위적으로 발생하는 것이 아니라 특정 집단에게만 발생하는 경우다.

④ 사회 시스템

우리 사회를 전체적으로 발전시키기 위한 제반 활동이다. 공동체 만들기, 생태적 삶 등 바람직한 가치를 증진시키는 모든 활동이 포함된다.

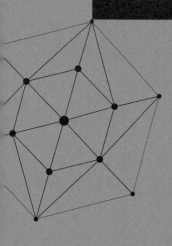

사회 진보적 가치를 달성하기 위해 극복해야 할 모순

사회적 진보 영역에서 창출되어
야 할 중요한 사회적 가치와 실행
과제 그리고 그 과제가 성과를 거
두기 위해 극복되어야 할 모순을 정리해보면 다음과 같다

예를 들어 (1)의 '학교폭력 해결'은 '사회문제의 해결'이라는 가치를 만
들어내는데, 이를 위해서는 '개인의 심리적 모순'을 극복해야 한다는 것
이다.

	과제	가치	모순
(1)	• 학교폭력 해결 • 디지털 중독 해결 • 관계의 단절 해소	• 사회문제의 해결	• 개인의 심리적 모순
(2)	• 친환경 • 생태적 삶 • 공동체의 회복	• 바람직한 가치의 증진	• 개인의 심리적 모순 • 기술과 자원의 제약

1

사회 문제의 해결 vs.
개인의 심리적 모순

사회 문제의 해결

우리 사회에는 실업이나 부의 편중과 같은 경제적 문제뿐만 아니라 매우 다양한 사회적 문제들이 산적해 있다. 청소년 폭력, 게임과 스마트폰 중독, 알코올의 과소비, 관계의 단절과 고독사 등 그 수가 이루 헤아릴 수 없을 정도로 많다. 그리고 어느 하나 해결이 쉬운 것은 없다. 따라서 이를 해결하는 것 또한 중요한 사회적 가치라고 할 수 있다.

개인의 심리적 모순

인간은 소득이 허용하는 경우 거의 예외 없이 말초적 자극을 원하며, 화려함을 추구하고, 또 남보다 더 돋보이려는 과시적 소비를 하려 한다. 고급 브랜드의 명품 소비가 그 뚜렷한 증거다. 뿐만 아니라 알게 모르게 술이나 담배 같은 기호품으로부터 벗어나지 못하고 있고, 먹는 것과 보는 것의 대부분에 있어서 말초적 감각을 자극하는 것들에 길들여져 있다. 그리고 이 모든 것의 기저에는 중독이 자리 잡고 있다.

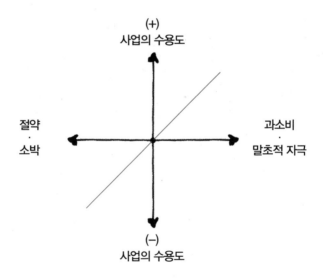

사람들의 이런 욕구를 충족시키는 것이 사업의 수용도가 높다는 것은 당연한 상식이라고 할 수 있다. 하지만 사회적 가치는 이와는 반대의 방향을 지향하고 있다. 과소비보다는 소박함과 절약을, 말초적 자극보다는 담백하고 건강한 소비를 지향하고 있는 것이다.

이를 사업을 실행하는 입장에서 보면 사업의 수용도가 높지 않다는 것을 의미한다. 오히려 사업적 수용도가 부정적이라고 하는 편이 정확한 표현일 것이다. 분명히 그 자체로는 바람직한 가치임에도 불구하고 우리가 익숙해 있는 소비 방식을 거스르기 때문이다.

2

바람직한 가치의 증진 vs.
개인의 심리적 모순 및 기술과 자원의 제약

바람직한 가치의 증진

친환경, 유기농, 공정무역, 공동체의 회복, 생태적 삶 등은 모두 건강하고 건전한 삶을 지향하는 것들이다. 윤리적 소비 또는 가치 소비라고도 불린다. 따라서 이를 실현해내는 것도 커다란 사회적 가치라고 할 수 있다.

참고로 사회문제의 해결과 바람직한 가치의 증진은 동전의 양면과 같은 관계라고 할 수 있다. 사회문제는 현상 또는 결과이고 바람직한 가치의 증진은 그 문제들을 해결하기 위한 방법으로 볼 수 있다.

개인의 심리적 모순

가치 소비 또는 윤리적 소비나 공동체적 삶은 현실에서 주류가 되고 있는 삶의 방향과는 매우 다르다. 이러한 사회적 가치는 오히려 그것을 거슬러 올라가야 한다.

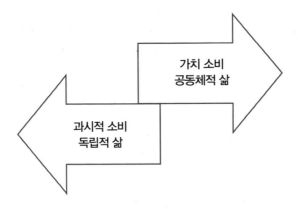

기술과 자원의 제약

자연의 훼손을 최소화하여 건강한 환경을 유지하거나, 에너지 사용을 최소화하여 지구온난화 문제를 해결하는 것, 이것들은 모두 대단한 가치를 가짐에 틀림없다. 하지만 이와 같은 가치를 실행하는 데는 경제적

희생이 수반된다. 태양광발전은 원자력발전에 비해 비용이 많이 들며 친환경섬유는 일반 섬유보다 가격이 훨씬 비싸다. 원인은 기술의 경제성이 충분하지 않기 때문이다. 한편, 사회적 가치를 만들어 내는 일은 높은 소득을 약속할 수 없기 때문에 역량 있는 인재를 확보하기가 매우 힘들다.

이와 같이 기술과 자원의 부족은 사회적 가치를 만들어내는 과정에서 극복해야 할 중요한 제약 요인이다.

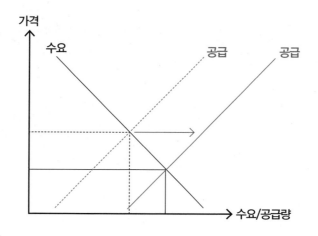

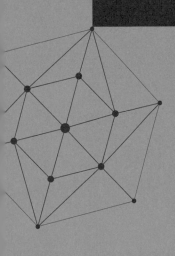

SECTION

3

사회적 진보 영역의 혁신 사례

다음은 사회적 진보 영역의 사례
들을 분석하기 위한 프레임워크다.

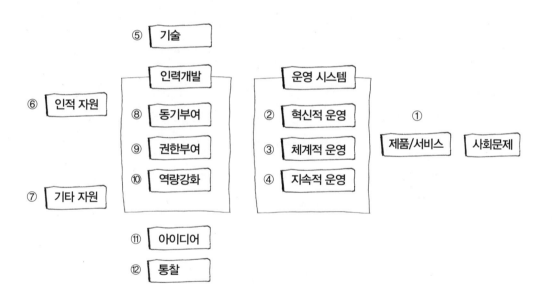

이 프레임워크는 크게 다음의 세 가지 부분으로 구성되어 있다.

아웃풋(산출) : ①

프로세스(처리) : ②~④

인풋 투입 : ⑤~⑫

① 제품·서비스

새로운 제품이나 서비스를 개발하는 것은 혁신의 가장 기본적인 유형이다. 이것은 사업혁신이나 사회혁신 모두에 있어 동일하다. 이미 알고 있던 문제이지만 해결 방안을 찾지 못해 어려움을 겪고 있는 문제에 대한 것이든, 문제 자체를 간과하고 있었기에 해결 방안을 마련하기 위해서든 이에 대한 제품이나 서비스가 개발되어야 한다.

② 체계적 운영

시스템은 여러 요소(다양한 기능의 인력, 자금, 기술, 도구와 설비 등)들이 각자의 역할을 하는 한편 상호 관계를 가지면서 전체가 하나의 유기체처럼 특정한 작업을 수행하는 것을 의미한다. 그리고 체계적(Systematic)이라고 하는 것은 이러한 시스템이 효과적이고 효율적으로 운영되는 것을 의미한다.

많은 수의 사람이 광범위한 지역에 걸쳐 복잡한 작업을 수행해야 하는 상황이라면, 운영의 체계화 또는 체계적 운영은 사업의 성공에 더욱 중요한 역할을 한다. 예를 들어 하나의 작은 조직이 아니라 전국의 각 지역 또는 전 세계의 여러 지역에서 활동을 전개하는 경우, 이들 단위 조직의 목표를 통합하고 또 계획된 대로 일을 추진해 나가도록 하는 과정은 매우 정교한 운영 체계를 필요로 한다.

③ 혁신적 운영

혁신은 제품이나 서비스를 통해 구현될 수도 있지만, 사업의 운영 방식을 통해서도 구현될 수 있다. 해결하고자 하는 사회적 문제나 창출하고 싶은 사회적 가치가 통상적인 방법으로 가능하지 않을 때 특히 필요하다. 이러한 운영의 혁신은 단순히 기발한 아이디어에서 비롯되는 것이 아니라, 문제의 근본 원인을 해결하기 위한 방법을 찾는 과정에서 그리고 사업의 관계자들에 대한 효과적인 동기 부여 방법을 찾는 과정에서 이루어지는 경우가 대부분이다.

④ 지속적 운영

사업이 효율적이고 효과적으로 수행되는 것을 넘어서서, 계속하여 안정적으로 운영되는 것도 중요하다. 아무리 효율적이고 효과적으로 운영되는 사업이라 할지라도, 한두 해 정도의 일시적 기간에 의미 있는 결과를 얻기란 불가능하기 때문이다.

지속성의 가장 중요한 요건은 핵심적 역할을 하는 인력의 근속을 유지하는 것이라고 할 수 있다. 사업의 진행에 핵심적인 역할을 하는 운영의 노하우와 주변 조직과의 네트워크를 유지하는 것은 바로 이들이기 때문이다. 그리고 단순히 근속을 유지할 뿐만 아니라 이들의 전문 역량이 계속 계발되도록 성장의 기회를 부여하는 것도 매우 중요한 일이다.

⑤ 기술(Technology)

기술은 아이디어와 함께 혁신의 가장 중요한 동력이 된다. 산업혁명을 가능하게 한 증기기관의 발명, 오늘날의 컴퓨터를 탄생시킨 반도체의 발명, 전기차를 가능하게 한 배터리의 발명 등은 기술을 기반으로 이루어진 혁신이다.

이러한 기술의 중요성은 사회 혁신에 있어서도 마찬가지다. 그런데 사회혁신의 경우에는 새로운 기술의 발명보다 기존 기술의 응용이 중요하며, 그 중에서도 정보통신기술(ICT; Information and Communication Technology)의 활용이 큰 역할을 한다. 대표적인 정보통신기술로는 복잡하고 어려운 계산을 처리해주는 소프트웨어, 시간과 공간을 넘어 사람과 사람을 이어주는 통신기술을 예로 들 수 있다.

⑥ 인적 자원

사회적 가치를 만들어내고 사회문제를 해결하는 것은 결국은 사람이다. 아이디어도 사람의 머리에서 비롯되는 것이며, 새로운 제품이나 서비스도 사람이 만들어내는 것이다. 따라서 인적 자원의 부족은 가장 근본적인 문제다.

⑦ 기타 자원

문제 해결에 직접적으로 개입하는 인적 자원 이외에 지역 단체, 정부 기관, 유명 인사 등의 지원이 필요한 경우가 있다.

⑧ 동기부여(자기사업화 Entrepreneurship)

권한부여(Empower)가 의사결정의 권한을 부여하는 것이라면, 자기사업화(Entrepreneurship)는 일의 결실을 본인에게 부여하는 것을 의미한다. 따라서 본인 스스로 기업가(Entrepreneur)가 될 수 있는 기회를 가진다는 것은 모든 일에 있어 최고의 동기부여가 된다. 적극적인 참여뿐만 아니라 최선의 실행을 통해 최고의 성과를 얻게 하기 때문이다.

⑨ 권한부여(Empowering)

『칭찬은 고래도 춤추게 한다』라는 베스트셀러가 있다. 사람들에게는 자기를 인정받는다는 것이 그만큼 중요하다는 의미다. 권한부여(Empowerment)는 어떤 일에 대해 지시와 감독을 받는 것이 아니라 본인 스스로 결정을 내릴 수 있는 권한이 주어지는 것을 의미한다. 따라서 지시받은 일의 결과에 대해 칭찬을 하는 것보다 훨씬 더 큰 동기부여를 제공한다.

⑩ 역량강화(Enabling)

필요한 인적 자원이 확보되었다고 할지라도 역량이 충분하지 않다면 의미가 없다. 이런 경우에는 역량을 강화해주거나 보완해주어야 한다. 이 경우, 역량의 강화는 교육 훈련을 통해, 역량의 보완은 기술의 적용을 통해 이루어지는 경우가 많다.

⑪ 아이디어

사회적 가치는 대부분의 경우 통상적 방법으로는 해결이 불가능하다. 따라서 아이디어는 모든 일의 출발점이라고 할 수 있다. 아이디어는 기회의 발견과 해결 방안의 정립, 두 가지로 구분할 수 있다. 따라서 그 종착지는 새로운 제품이나 서비스(기회)가 될 수도 있으며, 사업의 새로운 운영방법(해결방안)도 될 수 있다.

⑫ 통찰

아이디어가 새롭고 참신한 생각이라면, 통찰은 사물이나 사람에 대한 본질을 정확히 파악하는 것이다. 이것은 예리한 관찰력과 직관력을 필요로 한다. 이러한 통찰이 가장 필요한 분야는 인간의 본성 그리고 인간이 모여 사는 사회의 작동 원리에 대한 것이라고 할 수 있다. 인간의 본성에 반하는 것은 대부분의 경우 실행 단계에서 실패할 수밖에 없기 때문이다.

1

아이디어와
통찰

━━━━━━━━━━

기존의 방법으로 풀리지 않는 문제의 해결을 위해서는 새로운 아이디어
가 필요하다. 하지만 사회문제를 해결하고자 하는 경우에는 아무리 새
롭고 훌륭한 아이디어라 하더라도 그 자체만으로는 부족한 경우가 있다.
아이디어의 실행 단계에서 당사자나 이해 관계자들에게 수용이 이루어
지지 않는 경우다. 그 이면에는 반드시 그들만의 이유가 자리 잡고 있다.
따라서 이들이 가지고 있는 본성적 욕구와 필요에 대한 통찰을 기반으로
제품이나 서비스를 보완해야 한다. 이러한 통찰을 얻을 수 있는 가장 효
과적인 방법은 자신 스스로 서비스 상대방(서비스 수혜자)의 입장이 되어
보는 것이다.

다음 질문을 통해 상대방의 입장에 대한 구체적인 이해를 얻을 수 있다.

① 나라면 과연 그 방식(서비스)을 수용할 것인가?
② 나라면 그 방식(서비스)가 어떻게 제공될 때 수용할까?

해피시티랩

창의적인 아이디어로 주민들을 위한 교류 기회 창출

부모는 직장에서, 아이들은 학교에서 각자의 생활에 바쁘다 보니, 이웃 간에는 서로 얼굴을 볼 일도 도움을 주고받을 일도 없는 마을 공동체. 이름만 공동체일 뿐 사실은 익명으로 살아가는 주거단지에 지나지 않는다. 그렇다면 바다 위의 섬처럼 점점이 떨어져 살아가는 이웃들을

연결할 방법은 없을까?

　장면을 바꾸어 도심으로 가보자. 꽉 짜인 일정으로 인해 각자의 목적지로 바쁘게 오고가면서, 머릿속은 온통 일에 대한 생각으로 가득 차 있을 뿐 잠시의 여유도 가질 틈이 없는 사람들. 이들에게 마음의 여유와 휴식 그리고 옆에 있는 사람과 소통하는 기쁨을 느끼게 해줄 방법은 없을까?

　해피시티랩(Happy City Lab)은 기발하면서도 통찰력 깊은 그리고 재미있기까지 한 아이디어로 이 문제를 해결해나가고 있다. 우선 마을 공동체를 위해서는 물품교환상자(Neighborhood Exchange Box)를 설치했다. 주민들은 누구든지 자신에게 필요 없는 물건을 이 박스에 넣고 자신에게 필요한 물건은 가져다 쓸 수 있다.

　그리고 도심의 행인들을 위해서는 피아노(Play Me, I'm Yours)를 설치

했다. 지나가는 누구나 자유롭게 피아노를 연주할 수 있는데, 행인들은 이렇게 연주되는 음악을 들으면서 잠시의 여유와 공감의 시간을 가질 수 있다.

한 가지 특이한 점은 물품교환상자나 피아노 모두 설치 이후 주민들이 스스로 관리를 하도록 했는데, 지금까지 단 한 번의 사고나 파손도 발생하지 않았다는 사실이다. 주민들의 자발적 참여가 보여주는 놀라운 성과라고 할 수 있다.

해피시티랩의 사업체계

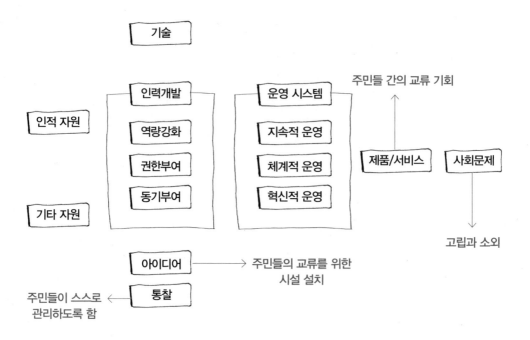

시티즌매터스

수요자 필요에 의해 견인되는 언론보도 시스템 구축

신문이나 방송 같은 언론매체에 실리는 기사나 논평들은 대부분 기자들의 취재활동을 통해 만들어진다. 따라서 수요 당사자의 입장이 아니라, 취재를 하고 보도를 하는 공급자의 관점에서 기사나 논평이 만들어지는 것이 일반적이다.

주요 매체들에 보도되는 내용의 2퍼센트 정도만이 지역의 이슈를 다룰 뿐이며, 어쩌다 보도가 이루어지는 경우에도 이러한 문제들에 대해 당사자인 지역 주민들이 무엇을 할 수 있는지에 대한 제시가 이루어지지 않는 경우가 대부분이다. 그 결과 지역이 당면하고 있는 문제들은 좀처럼 해결되지 않고 지역주민들이 무기력과 절망에 빠지는 악순환이 지속되고 있다.

시티즌매터스(Citizen Matters)는 이러한 언론보도 활동을 수요자 중심으로 바꿈으로써 문제를 해결해나가고 있다. 지역주민들이 기사거리를 제공하거나 특정한 이슈에 대해 보도를 요청하면 거기에 대응하는 방식으로 보도와 논평이 이루어지는 것이다. 예를 들면 특정 지역에 아파트가 건설되어 주변의 공원이 훼손될 위험이 있는 경우, 이 건설사업이 적법한 것인가를 확인하고 위법인 경우 중단시킬 수 있는 방법을 찾는 것이다.

또 다른 특이한 점은 시티즌매터스가 지역문제의 해결방안에 대해 특정한 의견이나 관점을 제시하지 않고, 지역주민 스스로가 문제를 해결해나가도록 필요한 정보를 제공하고 해결의 과정을 촉진하는 역할만을 수행한다는 것이다. 날마다 엄청나게 쏟아져 나오는 쓰레기 문제를 해결하기 위해 지역주민들이 스스로 고안한 2Bin 1Bag 모델이 좋은 사례다. 이 모델은 지역주민들의 적극적 참여를 통해 다음과 같은 엄청난 효과를 가져왔다.

- 20만 가구 이상이 사용하게 됨

- 180톤 이상의 쓰레기 매립량이 줄어듦(1일 기준)

- 20만 개 이상의 쓰레기봉투 사용이 절감됨(1일 기준)

시티즌매터스의 사업체계

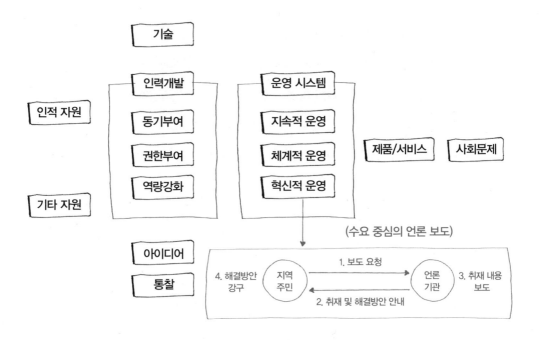

제플란

효소기술로 중고의류 유래 에탄올 생산

면직물의 원료가 되는 목화는 그 재배과정에서 전 세계에서 사용되는 농약의 25퍼센트가 투입될 만큼 환경오염에 큰 영향을 미치는 작물이다. 따라서 면으로 만들어진 의류의 낭비를 줄일 수 있다면 그만큼 환경 훼손이 줄어드는 효과를 기대할 수 있다.

이를 위해 제플란(JEPLAN)의 설립자인 미치히코 이와모토(Michihiko Iwamoto)는 한 가지 기발한 아이디어를 생각해냈다. 무인양품(MUJI)과의 협업을 통해 소비자들이 입다가 싫증이 난 옷을 원래 그 옷을 구입한 무인양품 상점에 되돌려주도록 한 것이다. 상점은 그 옷들을 수거하여 제플란에 보내게 된다. 이 방법은 소비자와 기업이 '윈윈'하는 결과도 가져왔는데, 무인양품은 매출이 4퍼센트나 늘어나는 효과를 거두었다. 이후 이 사업은 이온(Aeon)과 이토-요카도(Ito-Yokado) 같은 슈퍼마켓 체인으로도 확대되었다.

제플란은 소비자들의 참여를 늘리기 위해 방문수거도 시행하고 있다. 이때 사용되는 수거차량은 흔히 보는 폐품수집 차가 아니라 깨끗한 택

배차량을 쓴다. 이로써 헌옷이 쓰레기가 아니라 소중한 자원이라는 인식을 심어주고 있다.

뿐만 아니라 제플란은 면섬유에 효소의 촉매작용을 더함으로써 에탄올을 만드는 기술을 개발했다. 일본에서는 버려지는 전체 면 의류(주로 티셔츠)의 85퍼센트가 소각되는데, 이들을 원료로 에탄올을 생산하게 되면 일본이 소비하는 석유량도 그만큼 줄어드는 효과가 생기는 것이다.

제플란은 면 의류뿐만 아니라 스마트폰과 플라스틱 제품의 재활용을

제플란의 사업체계

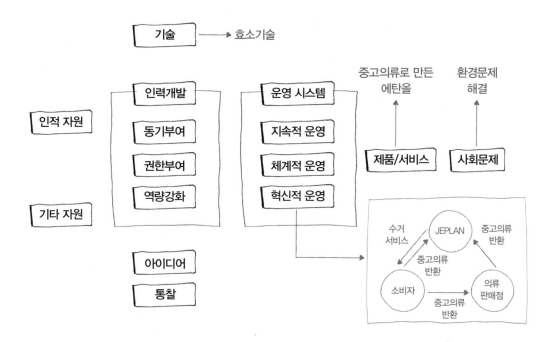

통해서도 에탄올을 생산하고 있다. 일본에서는 매년 4천 5백만 톤의 쓰레기가 배출되는데, 이것은 1천1백만 톤의 에탄올을 생산할 수 있는 분량이다. 이들을 재활용하게 되면 매년 1억9천만 톤의 석유를 소비하는 일본의 석유자급률을 4퍼센트에서 10퍼센트로 증가시키는 결과를 가져올 수 있다. 실제 제플란은 일본에서 매년 폐기되는 700만 대의 스마트폰 중 400만 대를 수거하여 재활용 처리를 하고 있다.

제플란은 이러한 사업의 규모화에도 성공했는데, 투자 유치를 통해 대규모 공장을 건설해냈다.

포라우스

이슈 중심의 정치 활동으로 청년들의 정치참여 활성화

젊은이들의 정치에 대한 무관심은 많은 사람들의 우려를 자아내고 있다. 청년들의 정치에 대한 무관심은 낮은 투표율로 연결될 뿐만 아니라, 바로 이들이 당면한 문제에 대한 법률이나 정책 입안 과정에서 당사자들의 의견이 소홀히 다루어질 위험을 수반하기 때문이다. 이런 현상은 직접 민주주의의 발달로 시민들의 정치참여가 대단히 활발한 스위스에서도 심각한 수준에 이르고 있다. 청년들의 정치참여 비율이 고작 32퍼센트에 머물고 있는 것이다.

하지만 이 문제를 깊게 들여다보면 청년들이 진짜로 무관심한 것은 정치적 이슈 자체에 대해서가 아니라, 정당 내부에서 벌어지는 파벌 간의 대립과 이를 둘러싼 조직 내 정치라는 것을 알 수 있다.

그래서 포라우스(foraus)는 젊은이들로 하여금 이슈를 중심으로 정치에 참여할 수 있는 기회를 제공하고 있다. 청년들로 하여금 블로그나 온·오프라인 행사를 통해 자신의 아이디어와 의견을 개진할 수 있도록 하고 이에 대해 전문가들의 조언을 얻을 수 있도록 하고 있는 것이다. 그리고 이들 아이디어와 의견을 주요 언론 매체에 소개하거나 청년들이 정부나 국회의 주요 인사들과 직접 만날 수 있는 기회를 주선하기도 한다.

이런 기회들은 젊은이들의 적극적인 정치참여를 유도하여 중간 규모의 정당보다 더 규모가 큰 조직을 결성하는 성과를 이루어냈는데, 현재 포라우스는 대학이 있는 스위스의 모든 지역에 지부를 두고 있다. 또한 외교관의 50퍼센트가 포라우스 출신으로 채워지는 성과도 거두

포라우스의 사업체계

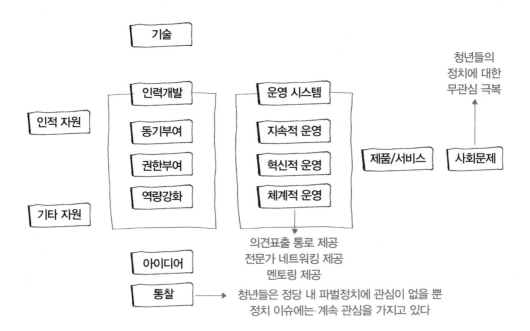

게 되었다.

뿐만 아니라 젊은이들에 의해 대변되는 시민들의 의견과 아이디어를 기성 언론과 정책 입안자들에게 제공함으로써, 폐쇄적이고 관료화된 기존의 정치 연구소(Political Think Tank)들이 생산해내지 못한 혁신적이고 통찰력 깊은 아이디어들이 정책에 반영될 수 있도록 하는 선순환 구조를 만들어내기도 했다.

선데이 어셈블리

주민주도형 모임으로 고립과 건강문제 해결

영국은 유럽에서 외로움 지수(Loneliness Index)가 가장 높은 나라다. 인구의 3분의 1이 외로움을 느낀다고 토로할 정도다. 이러한 이유로 2018년에는 외로움 담당 장관(Minister for Loneliness)이 임명되기도 했다. 반면 교회나 펍과 같은 전통적인 공동체 모임은 갈수록 쇠락해가는 현실에 처해 있다.

이렇듯 마을 주민들 간에 존재하는 관계의 단절 그리고 이에 따른 고립감과 건강의 문제를 어떻게 해결할 수 있을까? 그리고 한 걸음 더 나아가 신뢰와 유대에 기반한 마을 공동체를 어떻게 회복할 수 있을까?

그래서 선데이 어셈블리(Sunday Assembly)는 최대한 자연스러운 방법으로 주민들의 참여를 이끌어내고 있다. 아무리 좋은 프로그램일지라도 주민들의 자발적 참여가 없으면 어떤 생산적 결과도 만들어낼 수 없음을 익히 경험한 결과다. 모임 참여에는 아무런 강제가 없으며 형식은 단순하고 개방적이다. 무엇보다도 모임의 참가자들은 자신이 도움이 필요한 상황에 있음을 밝힐 필요가 없다.

또한 아무런 이념적 가치나 방향을 설정하지 않고 열린 대화를 지향한다. 실용적인 방법으로 보다 나은 삶의 방법을 모색하는 'Live Better', 서로에게 필요한 도움을 나누는 'Help Often', 삶의 큰 그림을 보게 하는 'Wonder More' 등이 모임의 중요한 내용을 이루고 있다. 이와 같이 노래 부르기, 책 읽기, 대화하기, 조용히 성찰하기 등 누구나가 부담 없이 할 수 있는 활동들에 주민들이 편안하고 자유롭게 참여할 수 있도록 하는 것이다.

한편 어떤 사람들에게는 보다 전문적이고 장기간의 도움이 필요한 경우가 있는데, 이럴 때는 일요일의 짧은 모임에 그치지 않고 후속 모임을 통해 아이 돌봄이나 직업전환, 건강문제에 대한 구체적인 도움을 받을 수도 있게 하고 있다.

영국 런던에서 시작된 선데이 어셈블리는 이제 미국을 포함한 전 세계 8개국에 70여 개의 지부를 두고 있다.

선데이 어셈블리의 사업체계

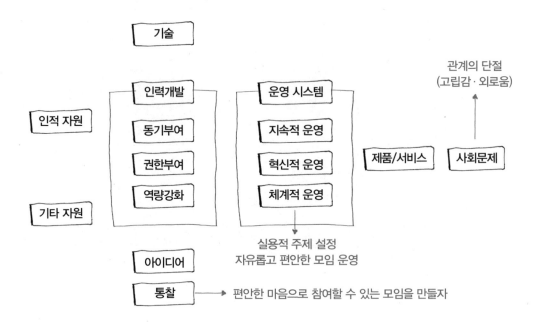

소일

과시욕 자극해 위생 화장실 사용 확대

인구가 밀집된 도시지역에 정화조와 수세식 화장실이 설치되어 있지 않을 때 발생하는 위생문제는 대단히 심각하다.

아이티(Haiti)에서는 이러한 문제로 인한 설사병의 발생률이 세계에서 가장 높은 수준이어서 어린이 사망 원인의 16퍼센트를 차지하고 있을 정도다. 그리고 최근에는 사상 최악의 콜레라가 창궐하여 나라 전체가

홍역을 치르기도 했다.

이 때문에 정부가 나서서 무료 공중화장실을 설치하는 노력을 했으나 그 결과는 기대에 훨씬 못 미치는 것이었다. 그래서 소일(SOIL)은 과감한 발상의 전환을 시도했다. 화장실을 각자의 집 안에 설치하도록 한 것이다. 그리고 이렇게 집안에 위생적인 화장실이 설치되어 있다는 것을 사람들이 자랑거리로 얘기할 수 있도록 했다.

이를 위해 소일은 매우 저렴하면서도 이사를 갈 때 가져갈 수 있는

소일의 사업체계

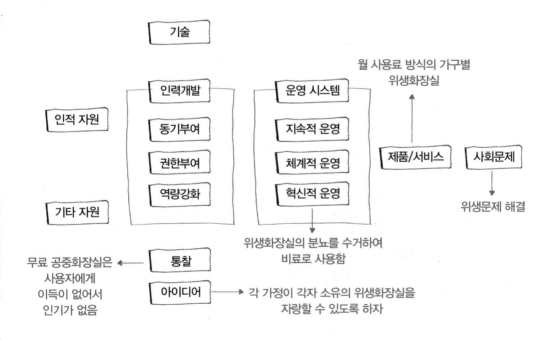

편리한 이동식 화장실을 월 사용료 지불 방식으로 판매하고 있다.

뿐만 아니라 소일은 수세식 화장실에서 나오는 분변의 처리과정도 개선함으로써 한 지역에서 배출된 오염원이 그 처리과정에서 장소적인 이동만을 통해 다른 지역을 오염시키는 폐해를 해결하고 있다. 소일은 분변을 비료로 사용할 수 있는 방법을 개발했는데, 이를 통해 화학비료의 사용에 따른 지력의 손실을 줄이고 토지의 생산력을 높이는 효과까지 얻고 있다.

핌피 마이 카로사

예술과 위트로 쓰레기 수거 카트 장식

전 세계에는 2천만 명이 넘는 사람들이 거리에서 쓰레기를 수거하고 있다. 브라질에만 해도 쓰레기 수거 요원이 39만 명이나 있는데, 이들은 브라질에서 재활용되는 쓰레기의 90퍼센트를 수거해내고 있다.

하지만 이들은 매우 고된 일을 하면서도 하찮은 일을 한다고 무시당하기가 일쑤다. 사람들은 그냥 스쳐 지나갈 뿐 이들과 눈을 마주치거나

이야기를 나누는 법이 없다. 따라서 대부분의 쓰레기 수거 요원들은 낮은 자존감 속에 살아가고 있다. 또한 고정된 급여를 받지 못하고 수거한 쓰레기를 팔아서 연명해야 하기 때문에 소득이 매우 낮고 주거가 불안정해서 노숙인 신세를 면하지 못하는 경우가 많다. 작업 환경 또한 매우 위험하고 열악한데, 차량들이 바쁘게 오가는 도로 위를 별다른 보호 장치도 없이 무거운 수레를 끌고 힘들게 다녀야 한다.

핌피 마이 카로사(Pimp My Carroca)는 축제와 같이 흥겹고 기발한 행

핌피 마이 카로사의 사업체계

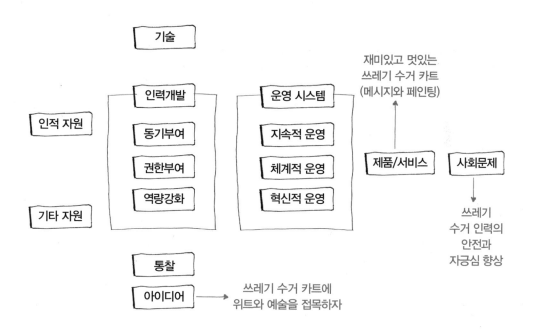

사를 통해 이 문제를 해결해나가고 있다. 이들의 행사는 다음과 같은 순서로 이루어진다.

① 세차 : 쓰레기 수거용 수레를 깨끗이 세척한다.
② 수선 : 수레의 고장 난 곳을 수리하고 보강한다.
③ 장식 : 예술가들이 수레를 멋있게 장식한다.

수레를 장식할 때는 다음과 같이 재미있는 문구를 넣기도 한다. "내 차는 공해를 유발하지 않아요!" "나는 환경보호를 위해 환경부 장관보다 더 많은 일을 한답니다!" 이런 과정을 거쳐 깨끗하고 멋있게 꾸며진 청소 수레는 지나가는 사람들의 환호를 자아냈고, 쓰레기 수거인의 안전과 자긍심을 높이는 결과도 가져다주었다.

2

필요 자원의
확보

━━━━━━━

인적 및 물적(자금, 시설 등) 자원의 부족은 사회문제를 해결하고자 하는 노력이 가장 빈번하고 심각하게 부딪치는 문제의 하나다. 개인이나 기업으로부터 받는 후원금과 정부가 제공하는 지원은 부족하게 마련이며, 사업의 취지가 잘 알려지지 않아 자원봉사자를 모집하기도 어려운 경우가 대부분이기 때문이다. 따라서 필요한 자원을 확보하는 혁신적인 방안이 강구되어야 한다.

부족한 자원은 당연히 조직 외부나 지역 외부에서 조달되어야 한다. 따라서 자원의 발굴을 위해 넓은 시각을 가져야 한다. 예를 들면 농어촌의 인력 부족을 도시의 여유 인력으로 해결하는 것, 도시화로 인한 심리 문제의 해결을 위해 농어촌의 자연환경을 활용하는 것들이다. 또한 많은 사람들로부터 각자에게는 부담이 없는 작은 규모의 자원을 지원받는 크라우드(Crowd) 방식을 활용할 필요도 있다.

바이어빌러티

스포츠클럽의 경영개선 과제 활용해 청년의 실업문제 해결

우리가 살아가는 마을 안에는 관계의 단절, 청년 실업, 어르신들의 건강 문제 등 사람들의 다양한 삶의 모습만큼이나 다양한 형태의 문제가 존재한다. 선데이 어셈블리의 사례에서 본 것처럼 영국은 소외(외로움)의 문제가 유럽에서 가장 심각한 수준이며, 2011년에 발생한 금융 위기로 인해 청년 실업자의 수는 100만 명에 이르기까지 했다.

이런 문제를 해결하기 위해서는 재정적인 지원보다도 역량 있는 활동가들의 역할이 훨씬 중요하다. 그런데 이렇게 역량 있고 열정적인 인적 자원을 확보하기란 결코 쉬운 일이 아니다.

그래서 바이어빌러티(Vi-Ability)는 영국의 각 지역에 있는 축구클럽과 실업 상태의 청년들을 공동체 문제를 해결하기 위한 자원이자 터전으로 활용하고 있다. 참고로 영국의 축구클럽은 경기능력(수준)에 따라 프리미어리그와 풋볼리그로 나뉘는데, 프리미어리그에 소속된 20개의 클럽은 유명세에 걸맞게 엄청난 수익을 벌어들이고 있는 반면 풋볼리그에 속한 72개 클럽은 취약한 재정 상태로 어려움을 겪고 있다. 이렇게 풋볼리그의 재정상황이 악화된 것은 현실에만 안주하여 클럽과 리그 운영에 대한 사업 마인드가 부족했다는 점이 지적되고 있다.

바이어빌러티는 이렇게 영국의 많은 스포츠클럽들이 재정 적자에 허덕이고 있는 점에 착안하여 각 지역에 실업 상태로 있는 청년들로 하여금 이 문제를 해결해나가도록 하고 있다. 그리고 청년들은 이런 과정을

바이어빌러티의 사업체계

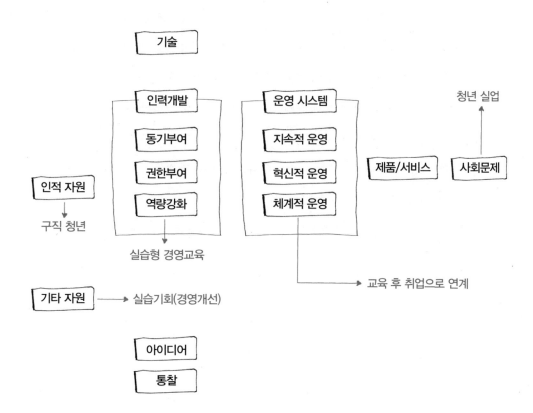

통해 사업운영 역량을 배양하게 되는데, 이를 바탕으로 취업까지 성공하고 있다.

청년들에게 제공되는 교육 프로그램은 '축구클럽운영(Run the Club)'이라는 8주간의 과정으로 경영전략, 마케팅, 재무관리 등의 과목이 스포츠경영의 관점에서 구성되어 있다. 바이어빌러티는 교육과 실습 기회의 제공에 그치지 않고 취업도 적극적으로 알선하고 있는데, 이때 스포츠 클럽이 지역 내에서 형성하고 있는 신뢰와 인적 네트워크가 큰 도움을 주고 있다.

뿐만 아니라 바이어빌러티는 마을의 노인이나 장애인들이 마을 공동체의 적극적인 구성원으로 활동하도록 지원함으로써 고립과 건강의 문제를 스스로 해결해나가도록 하고 있기도 하다. 이들에게는 뛰지 않고 걸으면서 하는 축구(Walking Football)나 축구공으로 진행하는 야구(Kickball) 등 각자의 신체 조건에 맞는 스포츠 프로그램이 제공된다. 이를 통해 건강을 유지할 뿐만 아니라 이웃과의 교제를 통해 공동체 문제의 해결을 위한 팀워크도 형성하고 있는 것이다.

콘위 지역의 축구클럽으로부터 시작된 이 프로그램은 이제 영국 전역으로 그리고 수영과 하키 클럽으로까지 확대되고 있다.

파운딩베이스

대도시에 집중된 인재 활용해 지역 문제 해결

"사람은 나면 서울로 보내고, 말은 나면 제주로 보내라"라는 우리나라 속담은 일본에도 똑같이 적용되는 듯하다. 능력 있고 포부 있는 청년들이 지방을 떠나 도시로 몰려들고 있는 것이다. 그러다 보니 농어촌 마을들은 인구가 점점 줄어들 뿐만 아니라 경제적, 문화적으로도 활기를 잃어 쇠락의 길을 걷고 있다. 그리하여 지역 내에 교육시설의 부족과 같은 문제가 발생해도 이를 해결할 수 있는 인적 자원이 부족한 악순환이 계속되고 있다.

> 일본은 전체 인구의 10퍼센트가 동경에 집중되어 있으며, 또 다른 10퍼센트가 동경 다음으로 큰 3대 도시에 몰려 있다. 이러한 대도시 지역으로의 인구 집중으로 인해, 2040년이 되면 896개의 지방 도시와 마을이 사라질 것으로 예측되고 있다.

이와 같이 역량 있는 젊은이들이 도시로 유출되어 생기는 지역 쇠퇴의 문제를 어떻게 해결할 수 있을까?

일본의 파운딩베이스(FoundingBase)는 대도시에 몰려 있는 일류 대학 재학생들과 졸업생들을 통해 이 문제를 해결해나가고 있다.

파운딩베이스는 점차 낙후되어 가고 있는 시골 지역들로 하여금 단순히 옛날 모습을 회복하는 것을 넘어서서 새로운 비전을 추구해나가도록 유도하고 있는데, 이런 도전적 목표가 청년들에게는 강력한 동기부여가 되고 있다. 대기업이나 정부 기관에 취업해서는 좀체 경험할 수 없

파운딩베이스의 사업체계

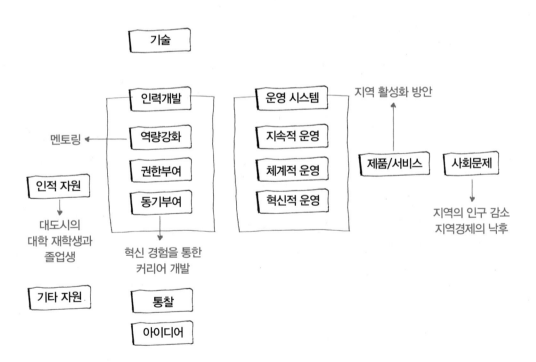

는 혁신 프로젝트를 수행하고 이 경험을 자신의 중요한 경력으로 자산화할 수 있기 때문이다. 그 배경에는 인공지능과 같은 새로운 기술이 발달하고 글로벌 경쟁이 갈수록 격렬해지고 있는 환경에서, 일본의 공무원 조직과 기업에서 여전히 강조되고 있는 상명하복의 규율과 순종적 성실성은 더 이상 유효한 모델이 아니라는 인식이 자리 잡고 있다.

지역의 여러 문제를 해결함에 있어 파운딩베이스는 각 지역으로 파견된 청년들이 스스로 문제를 발굴하고 해결방안도 찾도록 유도하고 있다. 대부분의 경우 우선순위가 높은 문제는 지역경제를 활성화하는 것인데, 그 이유는 경제적 활성화야말로 보다 많은 사람들이 지역에 머물도록 하고 또한 도시에서 지역으로 이주하는 사람이 늘어나도록 하는 가장 효과적인 방안이기 때문이다. 지역에서 생산된 농산물이 보다 높은 가격에 팔릴 수 있도록 파머스마켓(Farmer's Market)을 조직함으로써 지역 농민들의 소득을 연간 500만 엔까지 향상시킨 것이 그 좋은 예라 하겠다.

한편 파운딩베이스는 청년들이 이러한 혁신 프로젝트를 성공적으로 수행할 수 있도록 멘토링 지원도 제공하고 있다.

로베르토 브루니

수동적인 근로자들을 사업의 주체로 조직화

베네수엘라는 1999년 이후 진행된 사회주의 경제정책으로 인해 많은 기업들이 활력을 잃고 저성장과 도산의 위기에 처하게 되었다. 정부가 1,400여 개의 기업을 수용하여 노동조합에 이양했는데, 이것이 고용인과 피고용인 사이에 심각한 갈등을 유발하여 그 중 80퍼센트 가까이 되는 기업이 도산에 이르는 결과를 가져온 것이다.

그리고 이 사태는 베네수엘라 경제 전체에 영향을 미쳐 소득 수준의 저하나 생필품의 부족뿐만 아니라 실업률의 증가, 그리고 일용직 또는 단기 계약직의 증가와 같은 근로 조건의 악화를 초래했다.

로베르토는 이런 심각한 고용불안의 문제를 해결하기 위한 방안으로 우선 근로자들을 조직화해 협동조합을 구성해나갔다. 이것은 수동적으로 피고용인의 입장에만 있던 근로자들로 하여금 스스로 사업체를 구성하고 그 사업체의 주인이 될 수 있도록 하기 위함이었다. 그리고 기업 전체의 지배구조 관점에서는 고용인과 피고용인이라는 대극적 갈등을 개인 노동자, 협동조합, 전문 경영인과 같은 다양한 주체들 간의 협력구

조로 전환하기 위함이었다.

이와 동시에 로베르토는 노동자들이 주체적이고도 대등한 협력의 파트너로 기능할 수 있도록 하기 위해 다음과 같은 3단계의 역량 계발 프로그램을 진행했다.

- 개인주의적 사고를 협력적 사고로 전환하기

로베르토 브루니의 사업체계

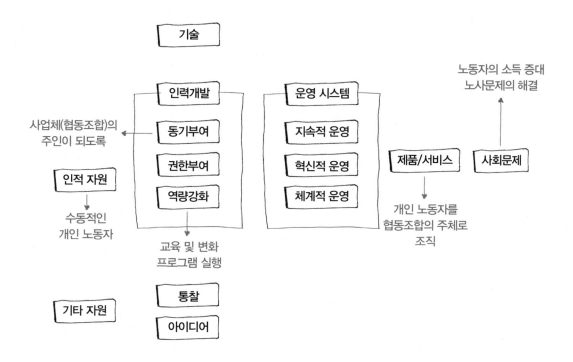

- 개인별로 구체적인 성과목표 설정하기
- 근로자와 회사의 공유가치 설정하기

그리고 사업관리, 조직관리, 협상 스킬과 같은 교육 프로그램도 함께 진행했다. 이러한 작업을 통해 소액의 팁 정도만을, 그것도 불규칙적으로 받던 노동자들이 안정적으로 급여를 받고 스스로 세운 사업체의 주인이 되는 놀라운 변화가 일어나게 되었다.

콘소르치오 고엘

오렌지껍질을 이용해 학교밖 청소년 일자리 창출

콘소르치오 고엘(Consorzio Goel)이 사업을 벌이고 있는 지오이오사 이오니카 지역은 이태리뿐만 아니라 유럽에서도 가장 가난한 지역 중의 하나다. 그 징표로 실업률은 자그마치 75퍼센트에 이르고 있다. 반면 마피아들은 이 지역에서 매춘이나 마약뿐만 아니라 건설, 에너지, 폐기물 처리에 이르기까지 광범위한 영역에서 지역 경제를 장악하고 있다. 다른 지역으로 이주를 하지 않는 이상 이들에게 고용되거나 이들의 요구에 협조하지 않을 수 없는 것이다. 조그마한 자영업을 하는 경우에도 보호비 명목으로 마피아에게 정기적 상납을 해야 한다.

콘소르치오 고엘은 이렇게 경제 전반에 대한 마피아의 지배력이 막대한 상황에서도 마피아와 연계되지 않은 윤리적 방식으로 일자리를 창출하는 것이 가능함을 보여주기 위해 노력하고 있다. 그 핵심 전략은 사업 육성(인큐베이션 Incubation) 작업을 통해 작은 규모의 기업과 협동조합을 계속해서 설립해나가는 것이다. 이 일은 2000년에 시작되었는데, 설립된 회사들은 각기 떨어져 사업을 하는 것이 아니라 서로 관계를 맺고 전체적으로 하나의 공급 체인(Supply Chain) 안에서 통합되도록 구성되어 있다.

그 실례로 이들은 자신들이 육성한 사업 중의 하나인 고엘 바이오 (Goel Bio)에서 오렌지주스를 생산할 때 부산물로 생기는 오렌지껍질에 주목했다. 그리고 이 오렌지껍질을 증류해서 향수를 만드는 방법을 개발해 새로운 사업(Goel Cosmesi)을 탄생시켰다. 그 결과 새로운 일자리가 만들어진 것은 당연한 일이다. 콘소르치오 고엘은 이 일자리에 학교밖 청소년들을 고용함으로써 단순한 일자리 창출 효과에 더해 학교밖 청소년들을 위한 자활의 기회를 만들어냄으로써 그 효과를 배가시키고 있다.

콘소르치오 고엘의 사업체계

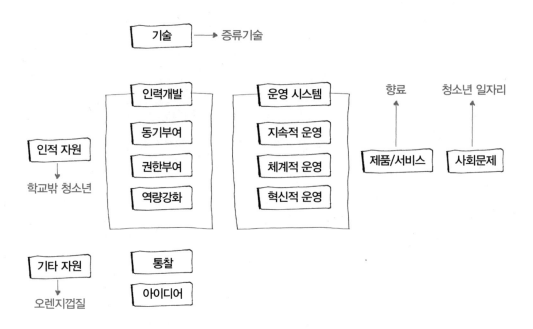

피드미베터

유명 요리사가 건강한 학교급식 보급

제이미 올리버(Jamie Oliver)는 요리의 까다로운 형식에 구애받지 않고 집 뒤뜰에 난 풀이나 집안에 남아 있는 재료를 활용해서 아주 쉽고 자유롭게 요리를 창조해내는 요리사로 유명하다. 그 젊음과 자유분방함 그리고 싱그러운 열정으로 우리나라에도 잘 알려져 있다.

제이미는 '제이미의 학교급식(Jamie's School Dinners)'이라는 TV 프로그램에 출연한 것을 계기로 영국의 공립초등학교 학생들이 먹는 학교급식에 심각한 문제가 있다는 사실을 알게 되었다. 치킨 너겟이나 햄버거, 감자튀김 등 영양 면에서 불충분하고 건강에도 좋지 않은 정크푸드가 대부분이었던 것이다. 사립학교는 예산을 자체적으로 충당하기에 충분한 급식비용을 사용하여 급식의 품질이 높은 반면, 공립학교는 정부에

피드미베터의 사업체계

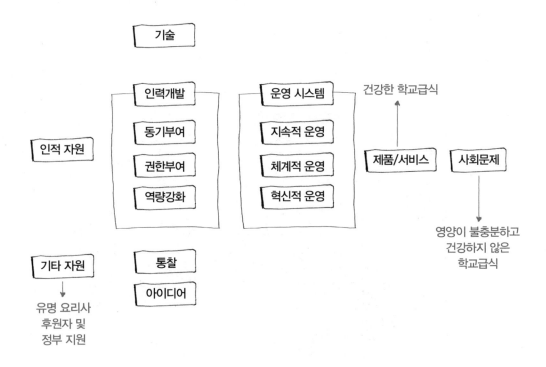

174

서 급식 예산을 책정하기 때문에 비용이 충분하지 않았기 때문이다.

이러한 문제는 1970년대 영국이 심각한 경제공황에 직면했을 때 당시의 마가렛 대처 정부가 재정 삭감을 위해 학생들의 급식을 담당하던 영양사들의 수를 줄이고 급식 업무를 중앙정부가 아닌 지방정부에 이관하면서 시작되었다.

제이미는 이 문제를 개선하기 위해 '피드미베터(Feed Me Better)'라는 캠페인을 시작했다. 하지만 시작은 쉽지 않았다. 이미 정크푸드에 길들여진 아이들은 제이미가 만든 건강한 음식을 뱉어버리고 급기야는 제이미에 대한 추방 운동까지 전개한 것이다.

하지만 제이미는 끊임없이 노력했고, 마침내 어린이와 학부모들의 인식을 바꾸는 데 성공했다. 그리고 아이들에게서 천식 같은 이상 증상이 사라지는 놀라운 결과도 만들어냈다.

결국 이 캠페인은 영국의 수상까지 참여하여 5천억 원에 가까운 기금을 모으고 학교급식에 정크푸드를 금지하는 법률을 제정하는 등 예상을 뛰어넘는 큰 성공을 거두었다.

뉴먼스오운

매년 발생한 이익을 전액 기부

뉴먼스오운(Newman's Own)은 미국의 유명 배우인 폴 뉴먼(Paul Newman)이 세운 식품회사다. 사업의 출발은 매년 크리스마스 때 폴 뉴먼이 직접 만들어서 이웃과 나누어 먹던 샐러드드레싱이었다. 이웃과 나누어 먹던 소박한 음식을 대량생산을 통해 사업화한 것이다. 그 배경에는 뛰어난 맛에 대한 자신감, 방부제와 인공감미료를 전혀 쓰지 않고 만들었다고 하는 자부심이 있었다. 이렇게 뛰어난 맛과 품질로 회사는 성공을 거듭했고 지금은 파스타소스, 쿠키, 커피, 포도주스 등 100가지가 넘는 다양한 제품을 판매하고 있다.

이 회사는 또한 적극적인 사회공헌 활동으로도 유명한데, 독특한 점은 매년 결산을 한 뒤 이익금 전부를 기부하고 항상 제로베이스에서 새해 사업을 시작한다는 것이다. 2016년 한 해 동안 기부한 금액만 하더라도 총 매출액 6천만 달러의 50퍼센트에 해당하는 3천만 달러가 넘으며, 1982년부터 재단에 조성된 자선기금은 5억 달러에 달하는 것으로 알려져 있다. 그리고 전 세계 50여 개 나라에서 다양한 자선활동을 전개하고 있기도 하다. 이러한 자선과 기부활동은 폴 뉴먼의 아들 스코트 뉴먼 (Scott Newman)이 1978년 약물 과다복용으로 사망했을 때 슬픔에 빠져 지내던 그에게 아내 조앤(Joanne Woodward)이 기부사업을 제안한 것이 계기가 되었다고 한다.

유명 배우의 명성과 뛰어난 제품, 이 둘이 결합하여 사업과 사회공헌 모두에서 성공을 거둔 모델이라고 할 수 있다.

뉴먼스오운의 사업체계

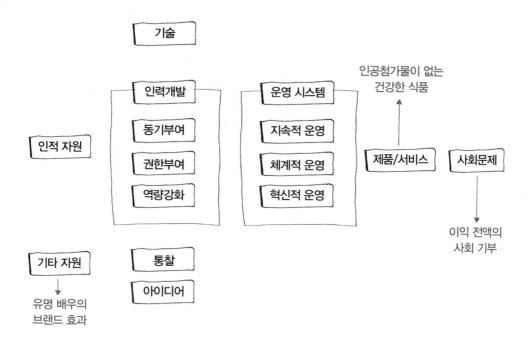

3

운영 체계의
확립

영리와 비영리의 영역을 불문하고 모든 사업은 효율적이고 체계적인 운
영 시스템을 필요로 한다. 이것은 한편으로는 제한된 자원을 최적으로
활용하기 위한 것이며, 또 다른 한편으로는 사업의 수혜자들이 원하는
것을 적시에 그리고 최상의 품질 수준으로 제공하기 위한 것이다.

이를 위해서는 다양한 인적·물적 자원의 역할과 기능이 유기적으로 조
직되어야 하며 이들이 효율적인 절차와 규칙에 의해 운영되어야 한다.
가장 중요한 것은 업무 프로세스(업무 처리의 절차와 방침)와 조직 구성원
각자의 업무 역할 및 권한을 명확히 하는 것이다.

한편, 혁신적인 운영시스템의 구축이 필요한 경우도 있다. 가장 대표적
인 것은 서비스의 수혜자를 서비스의 설계 과정에 참여시키는 것 그리
고 중요한 이해 관계자를 의사결정과 운영 과정에 참여시키는 것이다.
왜냐하면 서비스의 수혜자와 이해 관계자의 필요를 충족시키는 것이 영
리와 비영리를 포함한 모든 사업의 출발점이자 목적지이기 때문이다.

헤렌보렌

생산과 소비가 통합된 건강한 농업 시스템 구축

농업은 사람들의 먹거리를 담당하고 있는 만큼 어느 나라에서나 가장 중요한 산업의 하나다. 하지만 농업이 점차 산업화됨에 따라 농산물의 안전성에 문제가 생겨나고 있다.

농부들이 되도록 많은 이익을 올리기 위해 화학비료의 사용 등을 통해 산출량을 극대화함에 따라 점차 지력이 고갈되고 농산물의 품질이 저하되고 있다. 그리고 육식에 대한 의존도가 점차 높아지고 있어 토지가 건강성을 잃어가는 문제도 시간이 갈수록 심각해지고 있다. 전 세계 땅의 25퍼센트가 가축들에게 곡물과 사료를 공급하는 경작지로 쓰이고 있으며, 세계적으로 생산되는 곡물의 38퍼센트가 사람을 거치지 않고 가축의 먹이로 사용된다. 심각한 물 문제 또한 일으키고 있는데, 쇠고기 1킬로그램을 생산하는 데 들어가는 물을 잘 활용하면 같은 양의 단백질을 함유하는 곡물이나 야채를 100킬로그램이나 얻을 수 있다. 게다가 매년 폐기되고 있는 식품의 양은 전체 생산량의 3분의 1(유럽 기준)에 이를 정도로 막대한 규모에 이르고 있다.

그런데 이러한 모든 문제는 근본적으로 농산물의 생산이 수요자 중심이 아니라 공급자 중심으로 이루어짐으로써 생기는 것이다. 그래서 헤렌보렌(Herenboeren)은 소비자가 농산물의 생산에 직접 개입하게 함으로써 이러한 문제를 스스로 해결해나가도록 하고 있다. 소비자들이 스스로 주인이 되어 토지의 사용에 대한 결정을 직접 하게 함으로써 이러한 불합리한 관행이 해소되고 보다 건강하고 지속 가능한 농업이 가능하도록 하는 것이다.

헤렌보렌은 먼저 200명 단위의 소비자 그룹을 조직하는 것으로 사업을 시작한다. 그 다음 단계는 이 그룹의 멤버들이 각자 2,000유로 정도의 투자를 하도록 하여 20헥타르 규모의 농지를 구입하도록 한다. 이 정도 크기의 경작지는 투자자 그룹이 필요로 하는 채소와 과일, 육류와 유제품의 60퍼센트를 충당할 수 있는 규모다. 마지막 단계는 이 농지를 경작할 농부를 채용하는 것이다. 연간 45,000유로 정도의 안정적 급여를

받게 되는 농부들은 과도한 생산량 목표에서 해방되어 건강한 농산물을 생산할 수 있게 된다.

한편 투자자들의 식생활에도 자연스러운 변화가 이루어지게 된다. 그들이 구입한 토지의 50퍼센트 이상이 고기와 우유를 생산하기 위해 사용된다는 점을 알게 됨으로써 이들 제품에 대한 소비를 줄이고 채소와 과일의 소비를 늘리는 변화가 이루어지는 것이다.

헤렌보렌의 사업체계

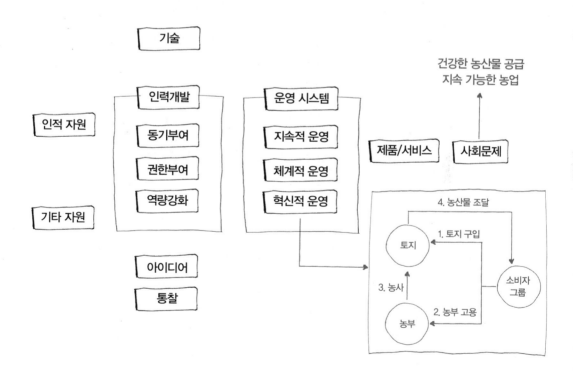

파트너스 인 푸드 솔루션즈

생산·가공·구매를 아우르는 안정적 농산물 공급 시스템 구축

인근 지역에서 생산된 신선하고 건강한 농산물(로컬푸드 Local Food)을 합리적인 가격으로 공급받는 것은 인류 모두에게 필요한 일이다. 당연히 아프리카 주민들에게도 예외가 아니다. 하지만 아프리카는 기후가 건조하여 농사에 그리 우호적인 환경이 아니다. 그러다 보니 다른 지역에서 보다 더욱 고도화된 농업 기술이 필요한 상황이다.

식품의 공급 체계가 전반적으로 개선되기 위해서는 농산물의 생산뿐만 아니라 가공업(밀가루, 주스, 버터 같은 식품 제조업)의 발달도 필요하다. 이들 가공업자들은 농산물의 1차 사용자로서 농산물에 대한 수요를 형성함과 동시에 최종 소비자에게 식품(그들의 제품)을 공급하는 역할을 하기 때문이다. 파트너스 인 푸드 솔루션즈(PFS; Partners in Food Solutions)는 이러한 문제를 해결하기 위해 소규모 농부뿐만 아니라 농산물 가공업까지를 포함하는 통합된 농산물 공급체계를 구축해나가고 있다.

우선 농부들에게는 농사를 짓는 기술과 노하우를 지원하고, 가공 기업에게는 경영 기법과 필요 자금을 지원하고 있다. 특히, 농사기법을 보급함에 있어서는 자원봉사자들이 단순 전달식으로 제공하는 일회성 교육에서 탈피하여 농사에 필요한 제반 기술을 현장 중심으로 철저히 배울 수 있는 체계를 구축하여 기술의 내재화가 이루어질 수 있도록 하고 있다.

한편 파트너스 인 푸드 솔루션즈는 농산물에 대한 대량 수요를 가지고 있는 기업들(Cargill, General Mills 등의 글로벌 기업)도 고객으로 확보하려 노력하고 있다. 이것 역시 단순히 농산물의 생산 측면만을 지원하는 것을 넘어 소비와 공급이 긴밀히 연결된 통합된 식품 공급 체계를 구축하기 위한 노력의 일환인 것이다.

파트너스 인 푸드 솔루션즈의 사업체계

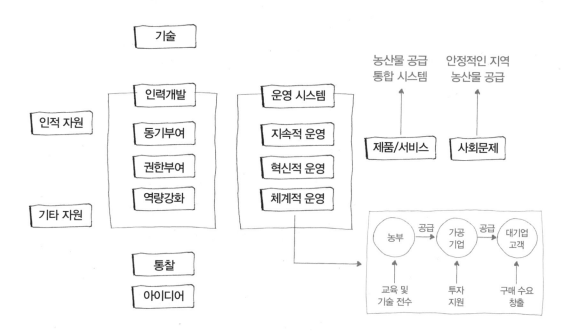

비욘드 이스탄불

주민과 전문가의 협업으로 민주적 도시개발 정책 수립

인구가 대도시로 집중되는 도시화 현상은 전 세계 곳곳에서 급속도로 진행되고 있다. 이러다 보니 도심의 무분별한 개발로 인해 발생하는 젠트리피케이션 문제도 점차 심각해지고 있다.

인구의 75퍼센트가 도시에 집중되어 있는 터키도 예외가 아니다. 도심개발 프로젝트로 인해 빈곤 지역의 주민들이 주거지를 빼앗기고 있으며 대규모 쇼핑몰들이 지역 상인들을 몰아내고 있고, 문화유산과 공공시설이 민간기업에 매각되어 일어나는 상업화가 급속도로 진행되고 있는 것이다.

우리에게도 낯설지 않은 이 문제를 어떻게 해결할 수 있을까? 비욘드 이스탄불(Beyond Istanbul)은 정부의 일방적인 개발 정책에 맞서서 이해관계의 당사자들을 문제 해결의 주체로 내세움으로써 이 문제를 해결해 나가고 있다. 여기에는 다음과 같은 활동이 포함된다.

• 교육 및 워크숍 : 지역 주민, 공무원, 전문가들에 대한 교육 프로그

램 진행 및 이들이 공동으로 참여하는 워크숍 진행

- 연구 수행 : 도시 개발에 대한 연구 및 출판, 지역의 사회적 및 공간
  적 관계망을 담고 있는 특별한 지도 제작, 전시 기획 등
- 공간 제공 : 건축가, 도시계획 전문가, 디자이너, 사회과학자, 언론
  인 등 다양한 전문가들이 자유롭게 만나 논의를 진행하고 협업을
  도모할 수 있는 공간 제공

비욘드 이스탄불의 사업체계

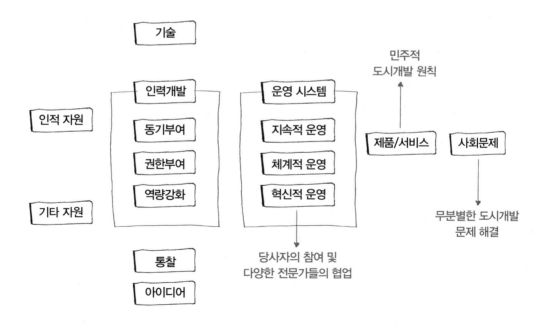

이러한 활동들을 해나가는 중요한 원칙은 전문가들 간의 협업을 확보한 다음에는 이해 당사자들인 지역주민들을 꼭 참여시킨다는 것이다. 그 결과 도시개발 작업이 보다 투명하고 민주적으로 이루어지는 성과를 이루게 되었다.

이외에도 비욘드 이스탄불은 사회적 약자들의 권리를 보호하기 위한 활동도 활발히 전개하고 있다. 1999년에 발생한 지진 피해로부터 아무런 보상도 받지 못한 임차인들을 위해 협동조합을 구성하고 정부지원을 이끌어냄으로써, 234가구에 이르는 많은 사람들이 새로운 삶의 터전을 마련할 수 있도록 지원한 것이 그 예다.

살림의료사협

지역 주민 참여로 환자 중심의 의료기관 정착

   30분 가까이 대기실에서 기다리다가 의사와 얘기하는 시간은 고작 3분. 예약 시스템으로 인해 옛날보다 많이 나아지긴 했지만 여전히 익숙한 병원의 풍경이다. 하지만 살림의원에서는 이런 모습을 볼 수 없다. 의사는 오히려 다음 순서의 환자가 너무 오래 기다리는 일이 발생하지 않

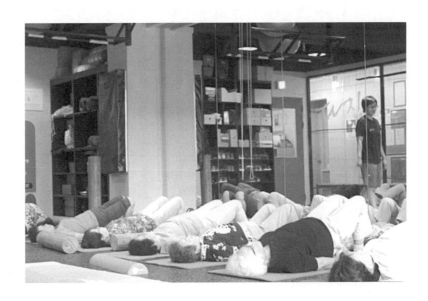

도록 15분 진료 시간을 넘지 않으려 노력한다.

    살림의원을 운영하는 살림의료복지사회적협동조합은 지역주민들이 직접 조합을 만들어 의료기관을 세우고, 지역을 중심으로 의료서비스를 펼치는 공동체다. '아프지 않아도 갈 수 있는 병원을 만들자' '내 질병에 대해 충분히 배울 수 있는 병원을 만들자' '동네 사랑방 같은 병원을 만들자'라는 환자 중심의 의료기관을 목적으로 병원이 만들어졌다.

살림의료사협의 사업체계

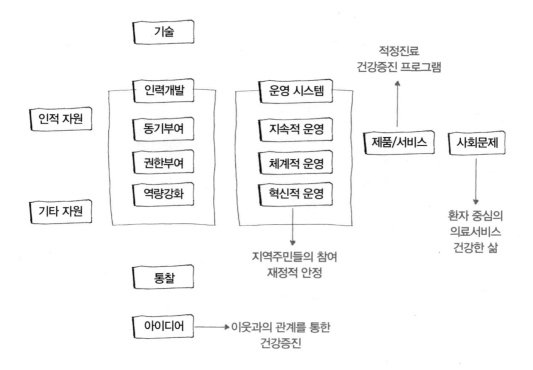

이렇게 믿을 수 있는 진료를 지향하는 의료사협은 꼭 필요한 진료를 통해 의료비 지출을 최소화하기도 한다. 실제 의료사협의 항생제 처방률은 매우 낮아서 의료기관의 평가기준에 포함되기도 했다. 또한 이렇게 믿을 수 있는 동네 의원이 있기 때문에 무리를 해서 큰 병원에 갈 필요가 없어지고 따라서 대형 병원도 자기 역할에 충실할 수 있게 되어 보건의료 체계가 안정되는 효과도 있다.

살림의료사협에서는 건강을 단순히 질병이 없는 상태로 정의하는 것이 아니라, 건강을 유지하기 위해 지속적으로 예방, 돌봄 등을 실천할 수 있도록 이웃과 좋은 관계를 맺고 있는지 아닌지를 건강의 중요한 요소로 본다. 그래서 '건강실천단' 같은 소모임이 활발히 이루어지고 있다. 조합원들은 여기에 함께 모여 운동도 하고 건강한 식단을 공유하기도 한다. 또한 '다짐(다-gym) 공간'이라는 병원처방과 운동처방을 연계한 운동 클리닉도 운영하는데, 여기서는 혼자서 개별 운동기구들로 운동을 하고 훌쩍 떠나버리는 일반 체육관과는 달리 다 함께 교류할 수 있는 여러 가지 운동 프로그램이 있어서 조합원들이 함께 참여할 수 있다.

2012년에 348명의 조합원과 3,000만 원의 출자금으로 첫 걸음을 시작한 살림의료사협은 2017년 12월 31일 현재 조합원이 2,308세대로 늘었고 출자금 또한 11억 5,000만 원에 달하는 튼튼한 지역 공동체로 성장했다.

소풍 가는 고양이

비진학 청소년들이 주인이 되는 도시락 배달 기업

2011년 2월, 소풍 가는 고양이(이하 '소고')가 시작된 것은 서울의 청소년기관인 '하자센터'에서 진행한 '연금술사 프로젝트'가 그 계기였다. ('하자센터'는 IMF 경제위기 상황에서 청년 실업문제를 해결하는 하나의 모델을 만들기 위해 설립되었고, '연금술사 프로젝트'는 창업을 원하는 청소년들 중 대학을 가지 않거나 고등학교를 그만둔 청소년을 대상으로 한 일종의 창업학교 프로젝트였다.) 핵심을 얘기하자면 소고는 대학을 나오지 않거나 고등학교를 그만둔 사회적 취약계층 청소년들이 밥벌이로 할 수 있는 일을 찾아서 일시적인 자활이 아니라 궁극적인 자립을 이루는 데 목적이 있었다.

그 결실로 처음 찾아낸 사업은 도시락 배달이었다. 그리고 지금은 찬합에 담긴 도시락, 뷔페식으로 상차림을 하는 케이터링, 그리고 간단한 다과 꾸러미를 청소년들이 직접 만들어 서울 곳곳으로 배달하는 것으로 확대되었다.

소고는 화학조미료는 일절 사용하지 않으며 재료는 모두 국내산이다. 그리고 일회용 플라스틱 쓰레기가 나오지 않도록 간식 종류를 뺀

모든 음식을 그릇에 담아 배달하고 도시락을 담았던 찬합은 다시 찾아
와 설거지를 한다. 이런 수고로움을 마다하지 않는 이유는 청소년과 함
께 하는 기업이라 '정직'이라는 강령을 잃어서는 안 된다고 생각하기
때문이다.

소고는 창업 1년 뒤인 2012년 2월에 기업의 형태를 주식회사로 전환
했다. 그 이유는 창업을 함께 한 청소년이 주인이 되도록 하기 위함이었

소풍 가는 고양이의 사업체계

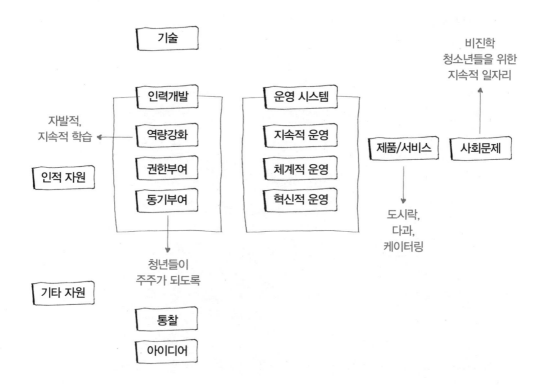

다. 이들은 모두 이사직을 맡고 있는 경영진이다. 물론 그만큼의 무거운 책임이 따랐다. '내 회사'이자 '모두의 회사'이기 때문이다. 그래서 구성원들 모두는 각자가 맡은 일과 서로의 관계에 익숙해질 때까지 인내심을 가지고 기다려주었으며, 예측 못한 상황이 벌어졌을 때도 서로 조언을 주고받으면서 문제를 해결해 나갔다. 뿐만 아니라 문제의 본질이 무엇인지에 대해 다 같이 이야기를 나누면서 근본적인 문제해결능력을 길러 나갔다. 이렇게 해서 비대졸자인 청년들이 '일하면서 배우고, 배우면서 성장하는 일터'가 국내 최초로 실현되었다.

이제 이곳에서 일하는 구성원들은 일주일에 5일, 매일 6시간을 일하며 최저임금보다 높은 생활임금을 받을 뿐 아니라, 원할 경우 1년을 일

하면 주식을 소유하는 회사의 임원이 될 수 있고, 3년을 일하면 1일 8시간 근무로 바꿀 수 있다. 하지만 무엇보다도 중요한 것은 비진학 청소년들이 어떻게 해야 오랫동안 함께 일하며 성장하는지, 어떤 업무 환경을 만들어야 하는지, 그리고 회사는 구성원들의 성장과 어떻게 맞물려 유지되고 발전하는지에 대한 답을 찾은 것이라고 할 수 있다.

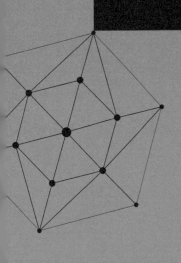

1

실행
프로세스

사회적 진보는 그 대상이 되는 문제가 이미 잘 알려진 경우가 많기 때문에 새로운 기회를 발견하기 위한 아이디어보다는 근본원인을 정확히 파악해서 해결하는 것이 중요한 경우가 더 많다. 따라서 그 실행 프로세스는 다음과 같이 구성된다.

① 문제 선정

현실의 필요에 대응하여 문제점을 발굴하고 해결 전략을 수립하는 단계다. 해결하고자 하는 문제의 선정은 모든 일의 출발점이다. 따라서 대단히 신중하게 이루어져야 한다. 문제 선정의 기준은 해당 문제의 사회적 중요성(Impact)과 해당 사업 조직이 그 문제를 해결할 수 있는 내·외부적 역량이다. 역량 수준에 비해 문제가 더 큰 경우에는 문제를 작은 부분으로 나누거나 단계적 해결 방안을 강구하는 것이 방법이다.

사회문제의 해결은 단선적 과정이 아니다. 수많은 변수와 장해(예산 부족이나 촉박한 일정 등)를 만나는 경우가 많다. 이런 경우에는 장해요인을 최대한 회피하고 장해가 현실화되는 경우에는 우회하거나 돌파할 수 있는 전략이 수립되어야 한다. 이를 위해서는 사전준비가 필요한데, 발생 가능한 다양한 시나리오를 예상하고 시나리오별 계획을 수립하는 것이 방법이다.

② 실행동력 확보

참여자를 규합하고 다른 기관이나 단체와의 협업 관계를 구축하는 단계다. 모든 일이 그렇지만 사회문제를 해결하는 일은 인적 자원의 중요성이 그 무엇보다도 크다. 사회의 일반적 관습과 규정을 거슬러 올라가는, 투쟁에 가까운 분발이 필요하기 때문이다. 따라서 문제해결의 필요성과 목적 그리고 정보를 조직 내부적으로뿐만 아니라 주변의 관련 조직과도 공유함으로써 최대한의 실행력을 확보하는 것이 매우 중요하다. 이때는 구체적인 데이터를 바탕으로 한 진단과 전망을 제시함으로써 최대한의 설득력을 확보하는 것이 필요하다. 이와 동시에 사업의 목적과 필요성에 대한 진정성 있는 스토리를 구성하여 공감과 설득을 이루어내는 힘이 필요하다.

③ 해결방안 설계

문제에 대한 구체적인 해결방안을 설계하는 단계다. 사회문제는 그 원인이 복합적일 뿐만 아니라 다양한 이해관계자들이 개입되어 있는 경우가 많다. 따라서 그 해결을 위해서는 매우 정교하고 구체적인 방안이 사전에 설계되어 있어야 한다. 여기에는 인력, 예산, 일정을 포함하는 사업운영 전반에 대한 실행계획(프로젝트 계획)의 수립도 포함되어야 한다. 왜냐하면 중요한 문제의 해결에는 대규모의 인력과 예산이 투입되고 오랜기간이 소요되기 때문이다.

④ 자원 확보

한 조직이 중요한 사회문제의 해결을 위해 필요한 인적, 물적 자원을 모두 갖추고 있기란 불가능하다. 따라서 다른 기관이나 단체로부터 인력과 자금 등의 실행 자원을 지원받을 필요가 있다. 또한 자원을 지원받을 뿐만 아니라 문제해결의 과정에서 다른 조직과 협업을 해야 하는 경우도 매우 빈번히 발생한다. 이때는 각 참여자에게 충분한 권한을 위임함으로써 스스로가 맡은 일의 주인공이라고 느낄 수 있도록 하는 동기부여 작업이 매우 중요하다.

⑤ 결과 평가

해결하고자 했던 문제점을 되돌아보고 해결방안의 효과성을 평가하는 단계다. 문제해결 과정이 종료된 다음에는 반드시 복기가 뒤따라야 한다. 복기 작업이 필요한 이유는 다음번의 문제 해결을 보다 효과적이고 효율적으로 수행하기 위한 교훈을 얻기 위해서다. 하나의 문제가 해결이 되더라도 그 조직의 미션 전체가 완성되지는 않기 때문이다.

⑥ 경험 확산

정부 정책에 대한 개선안을 제시하고 다른 기관이나 단체와 경험을 공유하는 과정이다. 앞서의 복기 작업을 통해 얻어진 교훈은 정부 정책의 입안에 참고가 되도록 하고 다른 기관과의 공유도 이루어지도록 할 필요가 있다. 이를 통해 해당 영역 또는 사회 전체의 문제 해결 능력이 제고되도록 하는 것이다.

한편, 문제 해결을 위해 개입하는 외부 조직의 입장이 아니라, 문제에 부딪힌 당사자들의 인지·행동적 변화에 주목하는 경우도 있다.

한 가지 특이한 점은 경험의 변화를 첫 번째 순서에 두었다는 것이다. 이것은 직접적인 체험을 통해 문제해결 역량과 방법에 자신감과 확신을 가지는 것이 그만큼 중요하다는 것을 일깨워주는 것이라고 할 수 있다. 또한 사회적 구조에 변화를 가져오기 전에 교류와 관계망에 우선적으로 변화가 이루어져야 한다고 하는 점도 특이한데, 이것은 사회의 거시적 변화 이전에 사람들의 일상에서의 미시적 변화가 중요하다는 것을 의미하는 것으로 볼 수 있다.

- 개인의 경험에 변화 가져오기

- 개인의 태도에 변화 가져오기

- 개인의 사고방식에 변화 가져오기

- 사회적 교류에 변화 가져오기

- 사회적 관계망에 변화 가져오기

- 사회적 구조에 변화 가져오기

2

성공 원리

앞서 설명한 혁신 프로세스를 실행함에 있어 반드시 지켜야 할 성공 원리가 있다. 사회적 진보 영역은 매출액이나 일자리 같은 경제적인 목표가 아니라 사회 변화를 위한 추동력 확보와 강화를 목표로 한다. 따라서 다양한 변화의 계기를 만들어내고 또한 그것을 지속, 확산시키는 데 중점을 두어야 한다. 사회적 진보 활동의 성공을 돕는 원리는 다음과 같다.

근본 원인의 해결

근본 원인을 해결한다는 것은 문제의 표면적 증상을 완화하는 것이 아니라 문제가 발생하는 원인을 찾아 그것을 완전히 제거하는 것을 의미한다. 예를 들면 폐기물을 재활용하기보다는 폐기물의 발생 자체를 줄일 수 있는 방법을 찾아낸 '페어폰'이 그 좋은 본보기다.

하지만 근본 원인을 완전히 제거하는 것이 항상 가능한 것은 아니다. 이런 경우에는 부분적인 문제해결을 꾀할 수밖에 없는데, 이때도 문제가 되는 결과의 일부분이 아니라 상당한 부분을 해소할 수 있는 방법을 강구해야 한다. 폐기되는 의류의 대규모 재생 방법을 찾아낸 '제플란'을 예로 들 수 있다.

포괄적 해결방안

문제가 발생하는 과정과 맥락을 완전히 파악하여 광범위하고도 포괄적인 해결방안이 강구되어야 할 경우가 많다. 이해 관계자를 포함하여 문제에 영향을 미치는 변수가 다양하거나, 문제의 원인과 결과가 서로 영향을 주는 순환적 관계에 있는 경우다.

우선 건강한 식품의 안정적 공급을 위해서 원재료인 농산물의 생산뿐만 아니라 농산물을 가공하여 식품을 생산하는 가공단계에 대한 지원을 통해 완전한 공급체계를 구축한 '파트너 인 푸드 솔루션즈'를 예로 들 수 있다.

그리고 건강한 농산물의 생산을 위해서는 지력이 보존되어야 하는데, 이를 위해서 육류에 치우친 식생활을 개선하도록 한 '헤렌보렌' 같은 기업도 좋은 예다.

뿐만 아니라 청년실업을 해결하기 위해 실습과 교육을 통한 역량 계발과 취업 알선까지 지원한 '바이어빌러티', 분뇨의 발생으로 인한 위생문제를 완전히 해결하기 위해 분뇨로 비료를 만든 '소일'도 좋은 사례라고 할 수 있다.

인간 본성에 대한 통찰

사회적 가치는 인간의 본성을 거슬러 올라가야 한다. 하지만 이건 대단히 힘든 일이다. 왜냐하면 사람의 본성은 쉽게 극복되지 않기 때문이다. 따라서 유효한 방법 중의 하나는 인간의 본성을 그대로 인정하고 그것을 활용하는 것이다.

공용화장실 대신 개인화장실을 판매하고 그것을 구매한 사람이 그것에 대해 자랑할 수 있도록 한 '소일', 그리고 관계로부터 단절된 사람들을 위한 모임을 개최하되 이들이 스스로가 고립된 사람임을 노출하지 않고 또 편안한 마음으로 자유롭게 참여할 수 있게 한 '선데이 어셈블리'는 훌륭한 케이스다.

또한 사람들의 돋보이고자 하는 욕구를 이용하여 일반 차량보다 비싼 친환경 하이브리드 자동차의 대량 판매에 성공한 '프리우스' 역시 좋은 본보기를 제공했다.

자발적 참여

비즈니스의 첫 번째 원칙이 고객의 필요에 충실한 것이라고 한다면, 사회적 가치의 제1원칙은 당사자의 주체적 참여라고 할 수 있다. 사업 혁신이 인간의 본성을 충실히 만족시키는 것이라면, 사회혁신은 인간의 본성을 거슬러 올라가야 하는 것과 같은 맥락이다.

따라서 외부 전문가의 지원을 최소화하고, 당사자가 주도적으로 문제를 해결하도록 하는 것이 매우 중요하다.

도시개발 정책의 입안에 당사자 주민을 참여시켜 그들의 의견을 적극적으로 정책에 반영한 '비욘드 이스탄불'이 그 예다.

또한 지역 주민들의 요청으로 언론보도가 이루어지게 하여 해당 문제가 널리 알려진 다음에는 그 문제에 대한 해결 방안을 주민들이 스스로 만들어 내도록 한 '시티즌매터스'도 좋은 본보기다.

사업의 체계적 운영

하나의 사업이 성과를 거두기 위해서는 필요한 구성요소(자금, 인력, 도구, 설비)가 잘 갖추어져야 하고, 또 이들이 유기적이고 효율적으로 운영되어야 한다.

'헤렌보렌'은 자금, 설비, 인력과 같은 필요 자원을 충분히 확보했으며, 투자-구입-고용의 통합된 프로세스를 통해 공급과 소비를 연계한 체계적인 운영 시스템을 구축했다.

그리고 '파트너스 인 푸드 솔루션즈' 또한 교육, 기술, 자금과 같은 필요 지원을 종합적으로 제공했으며, 생산-가공-사용에 이르는 통합적 식품공급 체계를 구축했다.

사회적 가치를 창출하는 동력과 체계
혁신 – 통찰 – 진화

- 17년만의 최악의 실업률

- 125만 명에 이르는 실업자

- 9.9퍼센트의 청년 실업률

- 세계 4위의 소득불평등 지수

- 세계 1위의 자살률

현재 우리나라가 처한 사회경제적 상황을 나타내고 있는 지표들이다. 어느 한 부분 녹록한 곳이 없다. 시장의 실패와 정책의 실패, 그리고 그에 대한 해결방안이 심각하게 논의되고 있는 이유다.

이런 논의가 시작된 지는 꽤 오래되었다. 최근 주목을 받고 있는 칼 폴라니(Karl Polanyi)의 『거대한 전환(The Great Transformation)』은 지금으로부터 70년 전인 1944년에 출간된 책이다. 이 책의 핵심 내용을 요약해 보면 다음과 같다.

인간을 노동으로, 자연을 토지로 변환시킨 시장경제는 인간과 자연이 완전히 고갈될 때까지 탐욕의 질주를 멈추지 않고 인간 본성에 내재한 공동체성과 인간과 인간이 사는 자연환경을 치명적으로 파괴하기 때문에 지속 가능하지 않다. 그리고 '보이지 않는 손'에 의한 자기 조정이라는 아이디어는 선진국과 다국적기업이 자행하는 불평등 거래를 숨기기 위한 허구의 개념이다.

따라서 모든 사회의 근간인 '상호성과 재분배'의 회복이 필요하다. 공동체의 역할을 하는 사회의 회복이 지속 가능한 경제를 위한 해답이다. 그리고 이 새로운 비전의 핵심은 자유다. 자유방임이 아닌 규제와 통제를 통해 소수가 아닌 모두를 위한 자유를 달성해야 한다.

하지만 불행히도 역사의 현실은 완전히 반대 방향으로 움직였다. 비교적 최근인 2013년에 출간된 토마 피케티(Thomas Piketty)의 『21세기의 자본(Capital in the Twenty-First Century)』은 이를 재확인해주었다. 시간의 흐름과 변화는 불가피하게 사회의 부가 소수의 그룹들에게 집중되는 경제적 불평등을 가져온다는 것이다.

그렇다면 역사는 왜 이런 방향으로 전개되어 온 것일까? 이에 대해 올바른 답을 얻기 위해서는 우리가 살아가는 매일 매일의 현실과 그 기저를 이루는 인간의 욕구를 있는 그대로 살펴볼 필요가 있다. 과연 인간을 추동하고 또 우리가 모여 사는 사회를 작동시키는 현실의 욕구는 무엇인가?

사람들은 될 수 있으면 남보다 더 돋보이고 싶어 한다. 이에 대한 가장 단순하고도 분명한 증거는 페이스북의 포스팅 내용이다. 근사한 레스토랑에서의 식사와 해외여행은 빠지지 않고 포스팅된다. 이뿐만 아니다. 값비싼 명품 소비도 수그러들 기미가 보이지 않는다.

이렇게 자신을 돋보이게 하는 데 있어 가장 강력한 수단은 남보다 더 많은 고급의 소비를 하는 것이다. 그리고 이러한 과시적 소비를 위해서는 더 많은 소유가 필요하다. 그러니 사람들은 학업과 사업의 경쟁에 뛰어들어 더 많은 소유를 확보하고자 사력을 다하는 것이다. 동시에 인간에게는 본능이 있어 자기의 소유를 수단으로 흥분적인 자극과 쾌락, 음란을 좇는다.

그런데 대부분의 사람들은 이러한 레이스에서 승자가 되지 못한다. 지

금 현재 이기고 있는 것처럼 보이고 있는 사람들도 언젠가는 패자가 될 수 있다는 내면의 불안에 시달리는 것이 현실이다. 결국 대부분의 사람들은 강박, 불안, 우울, 중독 등에 내몰리게 된다.

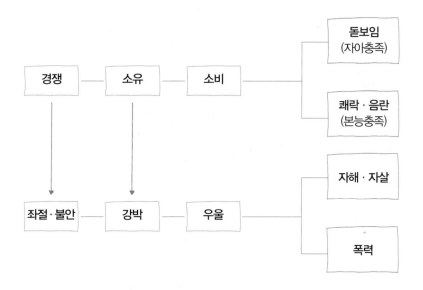

만일 여기에 대해 다음과 같이 '경쟁 대신 협동을 그리고 소유 대신 나눔을'이라고 주장한다면 대단한 도전이기는 하나 실패의 확률이 높을 것이다. 결국 지금까지의 역사를 되풀이하는 결과를 가져올 뿐일 것이다. 그렇다면 어떻게 해야 할까?

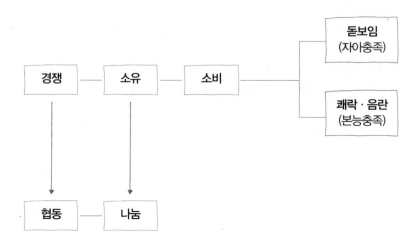

이 질문에 대해 이노베이션은 다음과 같은 세 가지 방안을 제공한다. 첫 번째는 경쟁의 목표를 다원화한다는 점이다. 다음의 그림을 살펴보자.

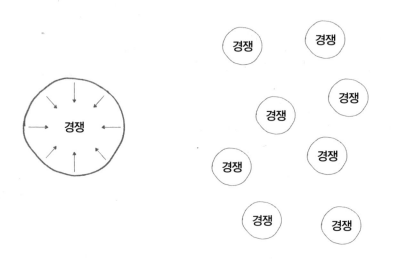

왼쪽의 그림에 비해 오른쪽 그림은 경쟁(사업)의 축이 매우 다양해졌다. 이것을 가능하게 하는 것이 바로 혁신이다. 혁신이 다음의 세 가지를 통해 기회의 영역과 경쟁의 지평을 넓히기 때문이다.

- 새로운 시장과 고객의 발굴 (또는 복지의 사각지대 발견)
- 새로운 제품과 서비스의 개발
- 사업을 하는 새로운 방법의 개발

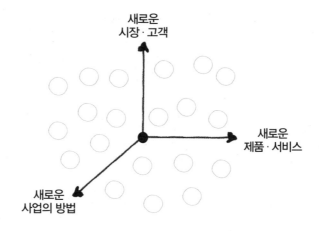

혁신의 또 다른 이점은 인간의 부정적 본성을 거슬러 올라가거나 바꾸는 난관을 최소화할 수 있다는 것이다. 오히려 필요한 경우에는 인간의

부정적 본성을 활용한다. 그 중에서 가장 대표적인 것은 인간의 돋보이고자 하는 본성을 활용하는 것이다. 앞에서 살펴본 '프리우스'와 '소일'이 이 점을 보여주는 좋은 사례다.

이를 그림으로 표시하면 다음과 같다.

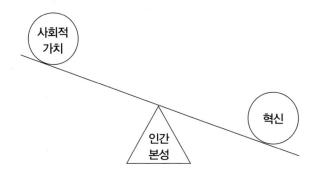

그렇다면 혁신은 우리가 가진 현실의 문제들을 단시일 내에 그리고 완전히 해결해줄 수 있을까? 불행히도 그 대답은 '아니다'이다. 사람은 변하지 않거나 더디 변하고, 역사는 발전하지만 과거를 되풀이하기도 한다. 20세기의 가장 영향력 있었던 과학철학자이며 정치철학자였던 칼 포퍼(Karl Raimund Popper)의 다음과 같이 말했다.

"끊임없는 개혁은 절대 필요하다. 그러나 모든 정치적 이념 중에서도 인간을 완전하고 행복하게 만들려고 하는 소원은 아마도 가장 위험한 것이다. 지상에 천국을 실현하려는 시도는 항상 지옥만을 산출하게 되었던 것이다."

그렇다면 우리는 어떤 전망을 가질 수 있을까? 그 대답은 일견 답답하지만 '천천히 그리고 꾸준히'가 되어야 한다. 작게 시작해서 성공 체험을 한 뒤 지속적인 성과를 만들어나가는 '진화적' 과정이다.

이것은 성공의 체험을 통한 지혜와 자신감이 성과를 지속적으로 만들어나가는 데 대단히 중요하기 때문이다. 그리고 이것은 '작게 시작하여 크게 성공한다'라고 하는 사업의 일반적 성공 원칙과 맥을 같이한다. 하물며 사회적 가치의 창출과 같이 이제껏 가보지 않은 길을 감에 있어서는 더욱 그러할 것이다.

또 다른 이유로 현실적인 어려움도 있다. 사회적 가치의 실현과 관련된 우리의 현실은 다음 도표의 회색 표시 부분에 가깝다.

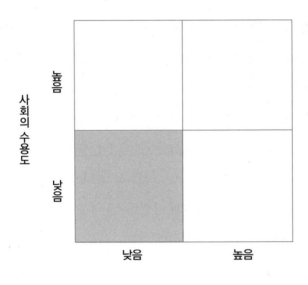

역량의 준비도

여기서 사회의 수용도는 사회 구성원들의 공동체 경험과 시민의 역할에 대한 훈련의 정도를 의미하며, 역량의 준비도는 조직의 문제 해결 역량과 커뮤니케이션 역량을 의미한다. 위와 같은 이중적 난관을 단시일 내에 극복하기란 거의 불가능하다.

한편 얘기를 처음으로 되돌려서 연대, 협력, 나눔과 같은 가치 지향의 위치는 어디가 되어야 할까? 우선 명확히 할 것은 이러한 가치 지향이 반드시 필요하다는 것이다. 왜냐하면 가치 지향이 결여된 활동들은 방향을 잃고 맹목으로 흘러갈 가능성이 높기 때문이다. 그리고 시장의 냉혹

함이나 관료제의 비효율 같은 벽에 부딪혔을 때 도전적 활동을 지탱해 나갈 수 있는 의지의 지표가 필요하기 때문이다. 그렇다면 그 위치는 나침반의 역할을 하는 방향타로 설정되어야 한다.

하지만 나침반은 동력을 만드는 엔진이나 가속 장치의 역할을 할 수는 없다. 따라서 가치 지향을 방향타로 하여 역량의 엔진과 혁신의 가속 장치로 사회적 가치를 향해 가는 여정. 이것이 바로 사회적 가치를 창출할 수 있는 가장 효과적인 체계라고 할 수 있다.

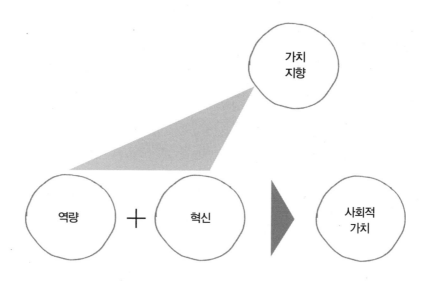

참고 자료

다음의 사례들은 『작은 기업이 세상을 바꾼다(노준형, 희망제작소 지음, 시대의창 간행)』를 참고했다.
- 스카이휠
- 감이랑
- 새순유통영농조합
- 부래미마을

다음 사례들은 『내 아들 내 딸에게 보여주고 싶은 사회적기업 51(고용노동부)』를 참고했다.
- 동천
- 트래블러스맵

다음 사례들은 아쇼카(Ashoka)의 홈페이지(www.ashoka.org)를 참고했다.
- 올아워킨
- 루멘러닝
- 페어폰
- 해피시티랩
- 시티즌매터스
- 제플란
- 포라우스
- 선데이 어셈블리
- 소일
- 핌피 마이 카로사
- 바이어빌러티
- 파운딩베이스
- 로베르토 브루니
- 콘소르치오 고엘
- 헤렌보렌
- 파트너스 인 푸드 솔루션즈
- 비욘드 이스탄불

다음의 사례는 『우리는 작은 가게에서 어른이 되는 중입니다(박진숙 지음, 사계절 간행)』와 서울사회적기업
협의회 홈페이지(http://sewith.or.kr)를 참고했다.
- 소풍 가는 고양이

214

혁신으로 사회적 가치와 올바른 성공을 이룬 사회적기업 36

성공하는 사회적기업가는 어떻게 혁신하는가

초판 1쇄 발행 2018년 8월 13일
지은이 김동헌   발행인 김영범   편집인 김난희

펴낸곳 (주)북새통 · 도어북
주소 서울시 마포구 방울내로7길 45 (우)03955 대표전화 02-338-0117 팩스 02-338-7160
출판등록 2009년 3월 19일 제 315-2009-000018호

© 김동헌, 2018
ISBN 979-11-87444-29-9 13320